UNNÜTZE WISSENSSCHÄTZE FÜR DEN RUHESTAND

DAYAS VERLAG | DOMINIK PIEL

Vorwort

Liebe Leserin, lieber Leser,

du hast den Sprung in die wohlverdiente Rente geschafft und suchst jetzt nach einem kleinen Funken Heiterkeit, der deinen Alltag auflockert? Dann bist du hier genau richtig! Dieses Buch ist vollgepackt mit 450 skurrilen, amüsanten und völlig unnützen Fakten, die garantiert zum Lachen, Staunen und Schmunzeln bringen. Ob beim Morgenkaffee, im Lieblingssessel oder beim Plaudern mit Freunden – diese Wissenshäppchen sorgen überall für Unterhaltung.

Warum unnützes Wissen? Nun, die Antwort ist simpel: Es macht Spaß! Manchmal ist es einfach herrlich, Dinge zu erfahren, die keinen praktischen Nutzen haben, aber umso mehr Freude bereiten. Von kuriosen Gesetzestexten über absurde Weltrekorde bis hin zu völlig verrückten historischen Ereignissen – wir haben aus allen erdenklichen Themengebieten die kuriosesten Perlen herausgepickt.

Dieses Buch ist mehr als nur eine Sammlung unnützer Fakten – es ist ein Schlüssel zu unbeschwerten Momenten und fröhlichen Gedanken. Nimm dir die Zeit, dich zurückzulehnen und einfach nur zu genießen. Lass dich überraschen und erheitern, denn das ist die wahre Magie des unnützen Wissens.

Also, mach es dir bequem, schlage die erste Seite auf und lass uns gemeinsam in eine Welt voller skurriler und lustiger Entdeckungen eintauchen. Viel Spaß beim Lesen und Lachen!

Herzlichst,

Dominik Piel

“Turbo-Tiere im Baum”

Eichhörnchen sind die Rennfahrer der Bäume! Sie klettern schneller nach oben, als sie über den Boden flitzen können. Mit ihren scharfen Krallen und kräftigen Hinterbeinen sind sie echte Kletterchampions. Kein Wunder, dass sie so gut darin sind, ihren Vorrat an Nüssen zu verstecken!

“Hummeln: Die Wing-Flügel-Künstler”

Wusstest du, dass Hummeln wahre Wing-Flügel-Künstler sind? Diese kleinen Brummer schlagen beeindruckende 160 Mal pro Sekunde mit ihren Flügeln! Kein Wunder, dass sie so geschickt durch die Luft sausen – sie sind quasi die Helikopter der Insektenwelt.

“Der ultimative Schönheitsschlaf”

Dornröschen setzte den Standard für Schönheitsschlaf: Sie schlief einhundert Jahre lang! Wer braucht schon Wecker, wenn man einen Prinzen hat, der einen wachküsst? Diese königliche Schläferin hat das Nickerchen auf ein ganz neues Level gehoben.

“Die Modekönigin der Renaissance”

Königin Elisabeth I. war nicht nur eine Herrscherin, sondern auch eine echte Fashionista! Mit über zweitausend Kleidern im Schrank könnte sie jeden Tag des Jahres ein neues Outfit tragen und hätte immer noch reichlich Auswahl. Wer braucht schon ein Mode-Magazin, wenn man die Königin hat?

“Virginia: Die Präsidenten-Schmiede”

Virginia ist die Geburtsstätte der meisten US-Präsidenten. Dieser Staat scheint eine regelrechte Präsidenten-Fabrik zu sein! Mit so vielen geborenen Staatsoberhäuptern könnte Virginia glatt eine eigene Präsidenten-Liga gründen. Wer hätte gedacht, dass hier so viele politische Talente schlummern?

“Die Blinzel-Bosse der Meere”

Haie sind die einzigen Fische, die mit beiden Augen blinzeln können. Diese Unterwasser-Raubtiere haben nicht nur scharfe Zähne, sondern auch einen coolen Blinzel-Trick auf Lager. Wer hätte gedacht, dass diese mächtigen Jäger auch charmante Zwinkerer sind?

"Das clevere Leben ohne Hirn"

Wusstest du, dass ein Seestern kein Gehirn hat? Diese faszinierenden Meeresbewohner brauchen keinen Denkapparat, um durchs Leben zu kommen. Stattdessen steuern sie ihre Bewegungen mit einem ausgeklügelten Nervensystem.

"Fred, der Methusalem der Goldfische"

Der älteste bekannte Goldfisch, Fred, lebte unglaubliche einundvierzig Jahre lang! Während andere Fische vielleicht ein paar Jahre schafften, schwamm Fred sich einfach durch vier Jahrzehnte. Man fragt sich, was sein Geheimnis war – Yoga im Goldfischglas oder eine spezielle Algen-Diät?

“Hollywood für alle!”

Wusstest du, dass jeder vierte Amerikaner schon einmal im Fernsehen war? Ob als Statist in einer Serie oder Teilnehmer in einer Gameshow – die USA sind voll von heimlichen Stars.

“Karottenkrise im Cartoonstudio”

Mel Blanc, die legendäre Stimme von Bugs Bunny, hatte eine geheime Abneigung: rohe Karotten! Während Bugs sie genüsslich mümmelte, konnte Mel sie kaum ertragen.

“Der Tauchmeister der Echsenwelt”

Leguane sind wahre Atemakrobaten und können ihren Atem bis zu achtundzwanzig Minuten lang anhalten! Diese beeindruckenden Reptilien könnten locker beim Unterwasserverstecken gewinnen.

“Schlummernde Schweinegeheimnisse”

Schweine sind wahre Seitenschläfer. Egal wie bequem das Stroh im Stall ist, sie rollen sich immer auf die Seite, um zu schlafen.

“Die geheimen Namen der Mystery Gang”

Wusstest du, dass Scooby-Doos richtiger Vorname Scoobert ist? Und Shaggy heißt tatsächlich Norville! Diese witzigen Enthüllungen machen die Abenteuer der Mystery Gang noch interessanter.

“Blau, die Lieblingsfarbe der Moskitos”

Moskitos haben eine Schwäche für Blau. Sie werden von dieser Farbe mehr angezogen als von jeder anderen. Wenn du also draußen unterwegs bist, solltest du vielleicht ein anderes Outfit wählen – es sei denn, du möchtest die Hauptattraktion für diese kleinen Blutsauger sein.

"Mickey Mouse: Oscar-Gewinner auf vier Pfoten"

Mickey Mouse war der erste Nichtmensch, der einen Oscar gewann! Dieser berühmte Cartoon-Charakter eroberte nicht nur die Herzen der Zuschauer, sondern auch die der Academy. Mit seinen lustigen Abenteuern hat Mickey Geschichte geschrieben und bleibt ein unvergesslicher Teil der Filmwelt.

"Scrabble: Ein Feld für jeden Buchstabenfreak"

Ein Scrabble-Brett hat genau 225 Felder. Diese sorgfältig angeordneten Quadrate sind das Spielfeld für unzählige Wortschlachten. Es ist faszinierend, wie viele kreative Wörter und knifflige Spielzüge auf diesem scheinbar einfachen Gitter Platz finden können.

“Bienenfleiß in Zahlen”

Bienen müssen etwa fünftausend Blüten besuchen, um einen einzigen Löffel Honig zu produzieren. Dieser immense Fleiß zeigt, wie wertvoll jeder Tropfen dieses goldenen Nektars ist.

“Leseland Island”

Die Isländer verschlingen pro Kopf mehr Bücher als alle anderen Menschen auf der Welt. In diesem landesweiten Lesemarathon findet man in fast jedem Haus gut gefüllte Bücherregale. Vielleicht ist das Geheimnis ihrer Begeisterung die langen, dunklen Winterabende, die zum Lesen einladen.

“Welpenwunder in den USA”

In den Vereinigten Staaten werden jede Stunde 12.500 Welpen geboren. Diese unglaubliche Zahl zeigt die immense Liebe der Amerikaner zu ihren vierbeinigen Freunden.

“Die Verwandlung der Dalmatiner”

Dalmatiner werden rein weiß geboren, und ihre berühmten schwarzen Flecken erscheinen erst nach der Geburt. Diese einzigartige Entwicklung macht jeden Dalmatiner zu einem kleinen Überraschungspaket.

“Monopoly-Marathon: Spiele ohne Ende”

Das längste Monopoly-Spiel aller Zeiten dauerte unglaubliche 1.680 Stunden – das sind siebzig Tage! Diese Spieler haben wirklich Durchhaltevermögen bewiesen. Und als ob das nicht genug wäre, das längste Monopoly-Spiel in einer Badewanne dauerte ebenfalls beeindruckende neunundneunzig Stunden. Monopoly-Fans nehmen ihre Leidenschaft offensichtlich sehr ernst!

“Kuriose Ängste: Von Telefonen bis Erdnussbutter”

Telephonophobie ist die Angst vor Telefonen. So kurios es klingt, manche Menschen fürchten sich vor dem Klingeln und der Notwendigkeit, Gespräche zu führen. Aber das ist noch nicht alles: Arachibutyrophobie bezeichnet die Angst, dass Erdnussbutter am Gaumen kleben bleibt. Da bleibt nur eins – den Brotaufstrich mit Vorsicht genießen!

“Katzenflüsterer: Geheimnisse der Schnurrhaare”

Katzen haben vier Reihen von Schnurrhaaren. Diese empfindlichen Härchen sind nicht nur süß anzusehen, sondern helfen den Samtpfoten auch, sich in ihrer Umgebung zu orientieren. Sie sind quasi die eingebauten Sensoren unserer schnurrenden Freunde und machen sie zu Meisterjägern.

“Wasserratten im wörtlichen Sinne”

Ratten können drei Tage lang ohne Unterbrechung im Wasser laufen. Diese erstaunlichen Nager sind wahre Überlebenskünstler und scheuen sich nicht, nasse Pfoten zu bekommen.

“Der Gigant unter uns”

Der größte Mensch, der jemals gemessen wurde, war beeindruckende 2,72m groß. Mit dieser gigantischen Körpergröße überragte er alle um sich herum. Man kann sich nur vorstellen, wie es war, die Welt aus dieser Perspektive zu sehen.

“Tanz der Planeten: Wer dreht sich anders?”

Venus und Uranus sind die einzigen Planeten, die sich im Uhrzeigersinn drehen. Während der Rest des Sonnensystems im Gegenuhrzeigersinn rotiert, haben diese beiden Planeten ihren eigenen Tanzstil.

"Die drehfreudige Gottesanbeterin"

Das einzige Insekt, das seinen Kopf drehen kann, ist eine Gottesanbeterin. Mit ihrer bemerkenswerten Beweglichkeit überwacht sie ihre Umgebung wie ein winziger, achtbeiniger Spion.

"Das Hirnwunder der Jugend"

Das menschliche Gehirn hört im Alter von achtzehn Jahren auf zu wachsen. Bis dahin entwickelt es sich rasant, um später die komplexesten Aufgaben zu bewältigen. Doch keine Sorge, die geistige Fitness kann weiterhin durch Lernen und neue Erfahrungen trainiert werden.

“Der wachsende Riese”

Der Himalaya wächst jedes Jahr um 2,4 Zentimeter in die Höhe. Diese gigantischen Berge sind nicht nur beeindruckend groß, sondern auch immer noch in Bewegung. Dieser jährliche Zuwachs verdankt sich den tektonischen Kräften, die Indien gegen Asien drücken.

“Die Königin der Jagd”

Das Löwenweibchen jagt mehr als 90 Prozent der Tiere, nicht das Männchen. Während der König der Savanne oft im Schatten ruht, sorgt die Löwin für die tägliche Mahlzeit.

“Nashörner: Die wahren Einhörner?”

Nashörner gehören zur gleichen Familie wie Pferde und sollen den Mythos des Einhorns inspiriert haben. Mit ihrem mächtigen Horn und der imposanten Erscheinung sind sie die lebenden Legenden der Savanne. Ein Einhorn auf vier kräftigen Beinen.

“Das charmante Diastema”

Die Lücke zwischen zwei oberen Vorderzähnen wird als Diastema bezeichnet. Diese kleine Zahnlücke verleiht vielen Menschen einen besonderen Charme und Wiedererkennungswert. Prominente wie Madonna und Elijah Wood tragen ihr Diastema mit Stolz und machen es zum Markenzeichen.

“Tigernacht: Sechsfach schärfer”

Die Nachtsicht von Tigern ist sechsmal besser als die des Menschen. In der Dunkelheit sind diese majestätischen Raubkatzen wahre Meisterjäger. Ihre Augen sind perfekt angepasst, um jede Bewegung in der Nacht zu erkennen und ihre Beute zu verfolgen.

“Mini-Pandas: Kleiner als Mäuse”

Ein Panda-Baby ist bei seiner Geburt kleiner als eine Maus. Diese winzigen Geschöpfe sind fast unvorstellbar klein, bevor sie zu den knuddeligen, schwarz-weißen Riesen heranwachsen, die wir alle lieben. Ein erstaunlicher Start ins Leben für solch imposante Tiere.

“Die rasanten Fingernägel”

Fingernägel wachsen fast viermal so schnell wie Zehennägel. Während du kaum merkst, wie deine Zehennägel länger werden, sind deine Fingernägel ständig im Wachstum. Sie sind die heimlichen Sprinter deines Körpers und erfordern regelmäßige Pflege.

“Eiscreme-Revolution”

Der Eisbecher wurde im Jahr 1875 erfunden. Dieses erfrischende Dessert hat seitdem die Herzen von Naschkatzen weltweit erobert. Eine süße Revolution, die den Sommer noch köstlicher macht.

“Kaninchenland Spanien”

Spanien bedeutet wörtlich “das Land der Kaninchen”. Diese niedlichen Nager haben das Land so beeindruckt, dass es nach ihnen benannt wurde. Wer hätte gedacht, dass ein solch kulturell reiches Land seinen Namen von kleinen, flauschigen Tieren hat?

“Die fabelhafte Fuchsbürste”

Der Schwanz eines Fuchses wird Bürste genannt. Diese flauschigen Anhängsel sind nicht nur dekorativ, sondern helfen dem Fuchs auch, seine Balance zu halten und sich warmzuhalten.

“Daumen hoch für Nasenlänge”

Dein Daumen ist genauso lang wie deine Nase. Dieser verblüffende Körpertrick zeigt, wie harmonisch unsere Proportionen sind. Einfach mal ausprobieren und staunen – die Natur hat wirklich ein Händchen für Symmetrie und überraschende Details!

“Der getarnte Delfin: Der Killerwal”

Der Killerwal ist eigentlich kein Wal, sondern das größte Mitglied der Delfinfamilie. Diese beeindruckenden Meeressäuger kombinieren die Intelligenz von Delfinen mit der Kraft von Walen.

"Das leere Megamall-Mysterium"

Das größte Einkaufszentrum der Welt (nach Gesamtfläche) befindet sich in China, steht aber seit seiner Eröffnung zu 99 Prozent leer. Mit einem Kanal voller Gondeln und einer Indoor-Outdoor-Achterbahn ausgestattet, bleibt es ein monumentales Rätsel der modernen Architektur.

"Augen zu und durch: Der Blinzelmarathon"

Der durchschnittliche Mensch blinzelt mehr als zehn Millionen Mal im Jahr. Diese ständige Augenpflege sorgt dafür, dass unsere Sicht klar bleibt und unsere Augen feucht gehalten werden.

"Durstiges Wunder: Die Ratte"

Eine Ratte kann länger ohne Wasser auskommen als ein Kamel. Diese kleinen Überlebenskünstler sind wahre Meister der Anpassung und können in extremen Bedingungen bestehen.

"Karate: Die Kunst der leeren Hand"

Das Wort Karate bedeutet "leere Hand". Diese alte Kampfkunst betont die Selbstverteidigung ohne Waffen. Mit nichts als ihren Händen und Füßen ausgestattet, lernen Karateka die Kunst des Kampfes und der Selbstkontrolle.

"Eulenaugen: Grapefruitgröße im Dunkeln"

Um nachts so gut zu sehen wie eine Eule, bräuchte man Augäpfel so groß wie Grapefruits. Diese faszinierenden Vögel haben eine unglaubliche Nachtsicht, die uns Menschen nur träumen lässt.

"Der Blitzschnelle Nieser"

Ein Nieser fliegt mit mehr als 160km/h aus der Nase. Diese unfreiwilligen Explosionen sind wahre Geschwindigkeitswunder. Kein Wunder, dass man das Bedürfnis hat, sich beim Niesen festzuhalten!

"Augen zu und Gesundheit!"

Es ist unmöglich, mit offenen Augen zu niesen. Unser Körper sorgt dafür, dass unsere Augen während eines Niesens geschützt bleiben.

"Der Gigantische Kürbis-Schnitz"

Die größte jemals geschnitzte Kürbislaterne wurde an Halloween 2005 aus einem 666 kg schweren Kürbis geschnitzt. Dieses monströse Kunstwerk war das Highlight der Festlichkeiten. Man kann sich nur vorstellen, wie viele Kerzen nötig waren, um diesen Riesen zum Leuchten zu bringen.

“Augenbrauen: Haarige Wunder”

Eine durchschnittliche Augenbraue besteht aus 450 Haaren. Diese scheinbar kleinen Haarbüschel sind wichtige Accessoires für Gesichtsausdrücke und Schutz. Sie sind die stillen Helden, die den Schweiß davon abhalten, in unsere Augen zu laufen.

“Strauß: Zehen-Sparsamkeit”

Der Strauß hat nur zwei Zehen. Diese ungewöhnliche anatomische Besonderheit macht ihn zu einem schnellen Läufer und beeindruckenden Vogel. Mit dieser minimalistischen Fußgestaltung hält er den Rekord als schnellster Läufer unter den Vögeln.

“Die Geburt der Diät-Cola”

Die Diät-Cola wurde 1982 erfunden. Seitdem erfrischt sie kalorienbewusste Cola-Liebhaber weltweit.

“Hose: Ein englisches Schimpfwort”

Im England der 1880er Jahre war “Hose” ein Schimpfwort. Dieser unschuldige Begriff konnte damals für erhitzte Gemüter sorgen.

“Schluckauf bei Männern”

Männer haben häufiger Schluckauf als Frauen. Diese lästigen Zwerchfellkontraktionen machen vor allem den Herren der Schöpfung zu schaffen.

“Frauenblinzeln im Doppelpack”

Frauen blinzeln doppelt so oft wie Männer. Diese häufigen Augenbewegungen halten die Augen feucht und schützen sie vor Fremdkörpern. Ein subtiler, aber effektiver Schutzmechanismus, der zeigt, wie faszinierend unser Körper funktioniert.

"Blitzmarathon der Natur"

Blitze schlagen etwa sechstausend Mal pro Minute in die Erde ein. Diese elektrischen Entladungen bringen Licht und Energie auf unseren Planeten.

"Die Mega-Schule auf den Philippinen"

Die größte Schule der Welt befindet sich auf den Philippinen und hat etwa fünfundzwanzigtausend Schüler. Diese Bildungseinrichtung gleicht einer Kleinstadt und beherbergt unzählige Klassenzimmer, Lehrer und Aktivitäten. Ein beeindruckendes Beispiel für die Dimensionen des modernen Bildungswesens.

“Frisches Wasser: Ein seltener Schatz”

Weniger als 2 Prozent des Wassers auf der Erde ist frisch. Diese kostbare Ressource ist rar und wertvoll, weshalb der sorgsame Umgang damit so wichtig ist. Kein Wunder, dass sauberes Trinkwasser oft als das “blaue Gold” bezeichnet wird.

“Spinnen: Die Meister der Optik”

Die meisten Spinnen haben acht Augen. Diese beeindruckende Anzahl an Sehorganen macht sie zu wahren Beobachtungsexperten. Obwohl viele von uns eine Gänsehaut bekommen, sind Spinnen faszinierende Geschöpfe mit erstaunlichen Fähigkeiten.

“Eiszeit auf der Erdoberfläche”

Ungefähr ein Zehntel der Erdoberfläche ist ständig mit Eis bedeckt. Diese riesigen Eismassen in der Arktis und Antarktis spielen eine entscheidende Rolle im globalen Klimasystem.

“McDonald’s: Ein tägliches Vergnügen”

Sieben Prozent der Amerikaner essen jeden Tag McDonald’s. Diese beeindruckende Statistik zeigt die Beliebtheit der Fast-Food-Kette. Egal ob Big Mac oder Chicken McNuggets – für viele gehört McDonald’s einfach zum täglichen Leben dazu.

"Das gigantische Jo-Jo"

Das größte Jo-Jo der Welt wiegt 116 kg. Dieses riesige Spielzeug ist nicht nur ein Hingucker, sondern stellt auch die Geschicklichkeit derjenigen auf die Probe, die es wagen, es zu benutzen. Ein wahres Schwergewicht unter den Spielzeugen.

"Santa Claus: Ein Ort zum Feiern"

In Indiana gibt es eine Stadt namens Santa Claus. Diese festliche Stadt zieht das ganze Jahr über Weihnachtsliebhaber an. Hier wird die Weihnachtsstimmung niemals langweilig, und die Bewohner leben in einem ewigen Winterwunderland.

"Schwimmende Cola: Das Geheimnis der Bläschen"

Eine Dose Diät-Cola schwimmt im Wasser, während eine Dose mit normaler Cola sinkt. Der Unterschied liegt im Zuckergehalt: Diät-Cola enthält weniger Zucker und ist dadurch leichter. Ein überraschendes Experiment, das du selbst ausprobieren kannst!

"Das meistgestohlene Buch"

Guinness World Records hält den Rekord für das am häufigsten aus öffentlichen Bibliotheken gestohlene Buch. Anscheinend sind die kuriosen Rekorde so faszinierend, dass Leser oft vergessen, es zurückzubringen. Ein Beweis dafür, wie packend diese Sammlung außergewöhnlicher Fakten ist.

"Australien: Vulkanfrei und stolz darauf"

Australien ist der einzige Kontinent ohne einen aktiven Vulkan. Diese geologische Ruhezone ist ein weiteres einzigartiges Merkmal dieses vielfältigen Landes.

"Zwiebeln: Die Nasenfreimachenden Helfer"

Der Verzehr von rohen Zwiebeln hilft, eine verstopfte Nase zu befreien. Diese knackigen Knollen enthalten Stoffe, die die Schleimhäute reinigen und das Atmen erleichtern. Ein natürlicher, wenn auch etwas duftender, Weg zur Linderung bei Erkältungen.

"Pinguine: Die stolzen Fußgänger"

Der Pinguin ist der einzige Vogel, der aufrecht geht. Mit ihrem watschelnden Gang und den eleganten Frackfedern sind sie die Gentlemen der Vogelwelt. Auf dem Eis gleiten sie aber ebenso geschickt, wie sie an Land stolzieren.

"Erdnüsse: Die überraschenden Hülsenfrüchte"

Die Erdnuss ist ein Gemüse und gehört zu den Erbsengewächsen. Sie wachsen nicht auf Bäumen wie andere Nüsse, sondern unter der Erde. Eine faszinierende Tatsache, die uns zeigt, dass Erdnüsse mehr mit Erbsen gemeinsam haben, als man denkt.

"Der schwerste Mann der Welt: Ein Koloss auf Erden"

Der schwerste Mann der Welt wog mehr als 635 kg. Diese unglaubliche Masse ist kaum vorstellbar und zeigt, wie extrem das menschliche Körpergewicht werden kann. Er hat damit einen Rekord aufgestellt, der die Grenzen des Möglichen herausfordert.

"Belgische Genüsse: Die Erfindung der Pommes frites"

Die Pommes frites wurden in Belgien erfunden. Diese knusprigen Leckerbissen sind weltweit beliebt und haben ihren Ursprung in den Küchen Belgiens. Ein köstliches Geschenk an die Welt, das unsere Gaumen seit Jahrhunderten erfreut.

“Lachen: Das tägliche Glückshormon”

Der durchschnittliche Mensch lacht dreizehn Mal am Tag. Dieses einfache Vergnügen hält uns gesund und glücklich. Egal ob ein guter Witz oder eine lustige Situation, Lachen ist wirklich die beste Medizin.

“Ein Schlangenrekord”

Die längste Schlange, die jemals gefangen wurde, war 9 m lang. Diese gigantische Kreatur ist ein beeindruckendes Beispiel für die Größe, die Schlangen erreichen können.

“Die Urmutter aller Gemüse: Die Erbse”

Das älteste bekannte Gemüse ist die Erbse. Seit Tausenden von Jahren erfreut sie sich großer Beliebtheit und bleibt eine grundlegende Zutat in Küchen weltweit. Klein, grün und nahrhaft – die Erbse hat eine beeindruckende Geschichte.

“Monumentale Nägel: Die Freiheitsstatue”

Die Fingernägel der Freiheitsstatue wiegen jeweils etwa 45 kg. Diese massiven Nägel sind ein kleines, aber faszinierendes Detail dieses ikonischen Symbols der Freiheit. Sie zeigen die beeindruckende Größe und das Gewicht dieses berühmten Denkmals.

“Fruchtig frisch: Tomaten und Gurken”

Tomaten und Gurken sind Früchte. Diese kulinarischen Chamäleons täuschen uns oft als Gemüse, doch botanisch gesehen gehören sie in die Obstschale.

“Schmelzende Schätze: Perlen und Essig”

Perlen schmelzen in Essig. Diese kostbaren Juwelen lösen sich tatsächlich in der sauren Flüssigkeit auf.

“Der Kohlkoloss: Ein Riesenwunder”

Der größte jemals angebaute Kohl wog ca. 56 kg. Dieser gigantische Gemüsekopf könnte eine ganze Familie über den Winter bringen. Ein beeindruckender Beweis dafür, wie groß Gemüse unter den richtigen Bedingungen wachsen kann.

“Pinguin-Puzzle: Nur im Süden”

Auf der Nordhalbkugel gibt es außer in Zoos keine Pinguine. Diese charmanten Vögel sind ausschließlich auf der Südhalbkugel zu Hause.

"Mauer der Superlative: Die Chinesische Mauer"

Die Chinesische Mauer ist die längste Mauer der Welt und erstreckt sich über mehr als 4.000 Meilen. Ihr Bau dauerte mehr als 1.700 Jahre. Ein monumentales Zeugnis menschlicher Ausdauer und Ingenieurskunst, das Generationen überdauerte.

"Der Koloss des Rings: Schwerster Sumo-Ringer"

Der schwerste Sumo-Ringer, der je gemessen wurde, wog sage und schreibe 287 kg. Dieser beeindruckende Athlet bringt nicht nur Gewicht, sondern auch unglaubliche Stärke und Technik in den Ring. Ein wahrer Gigant im traditionellen japanischen Sport.

"Mikrowellen-Mine: Explosive Weintrauben"

Weintrauben explodieren, wenn man sie in die Mikrowelle legt. Diese unschuldigen Früchte verwandeln sich in echte Minen.

"Wasserspender Gurke"

Eine Gurke besteht zu 96 Prozent aus Wasser. Diese erfrischende Frucht ist quasi eine Trinkflasche im Gemüseformat. Kein Wunder, dass sie an heißen Sommertagen so beliebt ist – sie stillt nicht nur den Hunger, sondern auch den Durst.

“John Hancock: Der frühe Unterzeichner”

John Hancock war der einzige der Unterzeichner der Unabhängigkeitserklärung, der sie tatsächlich am 4. Juli unterzeichnete.

“E-Mail-Flut”

Fünfunddreißig Milliarden E-Mails werden täglich weltweit verschickt. Diese digitale Flut zeigt, wie vernetzt unsere Welt geworden ist. Ob wichtig oder belanglos, E-Mails sind aus unserem Alltag nicht mehr wegzudenken.

“Hawaiis süßes Geheimnis”

Mehr als ein Drittel aller Ananas kommt aus Hawaii. Diese tropischen Früchte sind nicht nur lecker, sondern auch ein wichtiges Exportgut für die Inseln. Ein Geschmack von Hawaii in jedem Bissen.

“Der schwarze Grauwal”

Der Grauwal ist nicht wirklich grau. Er ist schwarz. Diese Meeresriesen haben ihren Namen wohl von einer Verwechslung, aber ihre beeindruckende Größe und Stärke sind unbestritten.

“Chinesische Sichtweise”

Brillen wurden in China erfunden. Diese bahnbrechende Erfindung hat die Welt der Optik revolutioniert. Ohne sie wäre die Welt für viele von uns ein viel unschärferer Ort.

“Erdbeben ohne Ende”

Jede Minute gibt es durchschnittlich zwei Erdbeben auf der Welt. Diese ständige Bewegung zeigt, dass unser Planet niemals stillsteht. Zum Glück sind die meisten Beben so schwach, dass wir sie gar nicht bemerken.

“Gefrorene Giganten: Die Niagara Falls”

In den Wintern 1911 und 1932 war es so kalt, dass die Niagara Falls gefroren sind. Diese beeindruckenden Wasserfälle verwandelten sich in riesige Eisgebilde, ein seltener und majestätischer Anblick.

“Franklins schwankende Erfindung”

Benjamin Franklin erfand den Schaukelstuhl. Dieser gemütliche Sitz hat viele Generationen zum Schaukeln gebracht. Eine einfache, aber geniale Erfindung, die bis heute beliebt ist.

"Der Anfang der Schnürsenkel"

Der Schnürsenkel wurde 1790 in England erfunden. Zuvor wurden alle Schuhe mit Schnallen geschlossen. Diese kleine Innovation hat die Schuhmode revolutioniert und unsere Füße in Sicherheit und Stil gewickelt.

"Mickey Mouse: Ein Geburtstagsklassiker"

Der Geburtstag von Mickey Mouse ist der 18. November. Seit seiner ersten Zeichentrick-Premiere im Jahr 1928 feiert dieser beliebte Charakter jedes Jahr ein weiteres magisches Jahr. Kein Wunder, dass dieser Tag für Disney-Fans weltweit etwas ganz Besonderes ist.

“Ein Museum voller Pasta: Das Spaghetti-Museum”

Es gibt ein historisches Spaghetti-Museum in Pontedassio, Italien. Diese ungewöhnliche Sammlung widmet sich ganz der Geschichte und Kunst der Spaghetti. Ein Muss für alle Pasta-Liebhaber, die mehr über ihre Lieblingsspeise erfahren möchten.

“Vanille: Der König der Eissorten”

Der beliebteste Eisgeschmack ist Vanille. Diese klassische Sorte erfreut sich weltweit großer Beliebtheit. Kein anderer Geschmack bietet eine solche Vielseitigkeit, ob pur genossen oder als Basis für kreative Eisbecher-Kreationen.

"Pizza Party am Samstagabend"

Der Samstagabend ist der beliebteste Abend der Woche, um Pizza zu essen. Wenn das Wochenende naht, greifen viele Menschen zu ihrer Lieblingspizza. Kein Wunder, dass die Pizzerien dann Hochkonjunktur haben und der Duft von frischer Pizza die Straßen erfüllt.

"Die Welt in Grautönen: Farbenblind bei Geburt"

Jeder Mensch ist von Geburt an farbenblind. Erst nach einigen Wochen beginnt ein Baby, Farben zu erkennen. Ein faszinierender Prozess, der zeigt, wie sich unsere Wahrnehmung von der Welt allmählich entwickelt.

“Mäuse als Zahnschmerzmittel?”

Die alten Ägypter glaubten, dass der Verzehr von gebratenen Mäusen Zahnschmerzen heilen würde. Ob es funktioniert hat, bleibt ein Rätsel der Geschichte.

“Nagel und Schnabel: Ein überraschendes Duo”

Fingernägel werden aus der gleichen Substanz hergestellt wie der Schnabel eines Vogels. Keratin, dieses widerstandsfähige Protein, sorgt für Stärke und Schutz. Ein faszinierendes Detail, das uns mit unseren gefiederten Freunden verbindet.

"Der süße Klassiker: Der Schokoladenkeks"

Der Schokoladenkeks wurde 1933 erfunden. Diese köstliche Erfindung hat seitdem unzählige Naschkatzen glücklich gemacht. Ein einfaches, aber geniales Rezept, das in jeder Keksdose einen festen Platz hat.

"Schweißfüße: Eine feuchte Angelegenheit"

Ein Paar menschliche Füße enthält zweihundertfünfzigtausend Schweißdrüsen. Diese fleißigen Drüsen sorgen dafür, dass unsere Füße kühl und feucht bleiben. Ein beeindruckendes Beispiel für die Selbstregulationsfähigkeit unseres Körpers.

“Die bakterielle Fußwelt”

Auf jedem Fuß befinden sich etwa eine Billion Bakterien. Diese winzigen Lebewesen bevölkern unsere Haut und spielen eine wichtige Rolle im Mikrobiom. Auch wenn es sich seltsam anhört, diese Bakterien sind meistens unsere Freunde.

“Sommerliche Verwandlung: Die Walnüsse”

Im Sommer werden die Walnüsse braun. Diese saisonale Veränderung zeigt, wie Früchte auf das Klima reagieren. Die Sommerhitze sorgt dafür, dass die Nüsse ihre reiche, braune Farbe entwickeln, bereit für die Ernte und den Genuss.

"Sonnengebräunte Rüben"

Rüben werden grün, wenn sie einen Sonnenbrand bekommen. Dieses ungewöhnliche Phänomen zeigt, dass auch Pflanzen vor zu viel Sonne nicht gefeit sind.

"Jupiters Mondparade"

Der Jupiter hat die meisten Monde im Sonnensystem - sogar 92. Diese beeindruckende Mondsammlung macht den Gasriesen zu einem wahren Himmelskörper voller Geheimnisse.

"Fische: Die heimlichen Genies"

Fische können schneller lernen als Hunde. Diese unterschätzten Wasserbewohner sind wahre Schnelllerner.

"Ketchup aus Fernost"

Ketchup hat seinen Ursprung in China. Diese beliebte Sauce begann ihre Reise als fermentierte Fischsoße, bevor sie ihren Weg in die westliche Küche fand. Ein kulinarischer Weltenbummler, der unsere Pommes und Burger verfeinert.

“Grillen lauschen mit den Knien”

Grillen hören durch ihre Knie. Diese winzigen Insekten haben ihre Ohren tatsächlich in den Beinen. Ein faszinierendes Beispiel dafür, wie vielseitig die Natur ihre Kreaturen ausgestattet hat.

“Knusprige Erfindung: Kartoffelchips”

Kartoffelchips wurden 1853 in Louisiana erfunden. Diese leckere Knabberei entstand aus einem Missverständnis in einem Restaurant und hat seitdem die Welt erobert. Ein zufälliger Snack, der zur globalen Sensation wurde.

“Der kleine Riese: James Madison”

Der kleinste US-Präsident war James Madison mit 1,62 m. Trotz seiner geringen Körpergröße hatte er eine riesige Wirkung auf die Geschichte der USA.

“Zahnarme Stechmücken”

Stechmücken haben Zähne. Diese winzigen, aber fiesen Insekten sind nicht nur nervig, sondern auch gut bewaffnet. Ihre Zähne helfen ihnen, durch die Haut zu dringen und Blut zu saugen.

“KFC-Gigant in Peking”

In Peking gibt es das größte Kentucky Fried Chicken der Welt. Dieser riesige Fast-Food-Tempel bietet Platz für Hunderte von Gästen und serviert Unmengen von knusprigem Hühnchen. Ein wahrer Pilgerort für KFC-Fans.

“Schnarchende Schafe”

Schafe schnarchen. Diese friedlichen Weidetiere können während des Schlafs ganz schön laut werden.

"Das Walnuss-Gehirn der Eichhörnchen"

Das Gehirn eines Eichhörnchens ist ungefähr so groß wie eine Walnuss. Trotz ihrer winzigen Hirne sind diese flinken Nagetiere erstaunlich schlau, wenn es um das Verstecken und Wiederfinden ihrer Nahrung geht.

"Thanksgiving-Festmahl"

Es wird geschätzt, dass die Amerikaner an Thanksgiving 10 Millionen Tonnen Truthahn essen. Diese gewaltige Menge zeigt die Leidenschaft für dieses traditionelle Festessen.

"Tränenfrei Zwiebeln schneiden"

Kaugummi kauen, während man Zwiebeln schält, verhindert, dass man weint. Diese einfache, aber geniale Methode sorgt für ein angenehmeres Kocherlebnis. Wer hätte gedacht, dass der Kampf gegen die Zwiebeltränen so süß sein kann?

"Das perfekte Kartenspiel"

Damit ein Kartenspiel gut genug gemischt ist, um damit zu spielen, muss es mindestens siebenmal gemischt werden. Diese Zahl stellt sicher, dass die Karten zufällig verteilt sind und kein Spieler einen Vorteil hat. Also, mischen, mischen, mischen!

“Oktopus-Blick: Rechteckige Pupillen”

Die Pupille eines Oktopus Auges ist rechteckig. Diese ungewöhnliche Form ermöglicht es dem Oktopus, ein breites Sichtfeld zu haben und in der dunklen Tiefe des Meeres klar zu sehen. Ein echtes Wunder der Natur!

“Zahnbürsten-Favorit: Blau”

Mehr Menschen benutzen blaue Zahnbürsten als rote. Diese farbliche Vorliebe zeigt sich weltweit in Badezimmern. Vielleicht hat es etwas mit der beruhigenden Wirkung der Farbe Blau zu tun – oder einfach mit guter Marketingstrategie.

“Der Schluckauf-Rekordhalter”

Ein Mann hatte einmal achtundsechzig Jahre lang Schluckauf. Diese unfreiwillige Serie begann nach einer Operation und hielt ein Leben lang an. Ein erstaunlicher und zugleich nerviger Rekord, der seinesgleichen sucht.

“Snickers: Russlands Schokokönig”

Der meistverkaufte Schokoriegel in Russland ist Snickers. Mit seiner Kombination aus Schokolade, Karamell und Erdnüssen hat dieser Riegel die Herzen der Russen erobert.

“Toiletten-Wirbel Down Under”

Toiletten in Australien spülen gegen den Uhrzeigersinn. Diese Tatsache verdanken wir der Corioliskraft, die die Drehrichtung von Wasser in verschiedenen Hemisphären beeinflusst. Ein kleines, aber faszinierendes Detail des Alltags.

“Die Reise der Schneeflocke”

Eine Schneeflocke kann bis zu einer Stunde brauchen, um von einer Wolke auf die Erdoberfläche zu fallen. Diese zarte Reise durch die Luft ist ein langsamer Tanz, der die Schönheit des Winters verkörpert. Ein leiser Gruß aus den Wolken.

“Die erste präsidiale Spülung”

Im Jahr 1825 wurde die erste Toilette im Weißen Haus installiert. Diese bahnbrechende Installation brachte Luxus und Komfort in das Zuhause des Präsidenten. Man kann sich nur vorstellen, welche Erleichterung das für die damaligen Bewohner war!

“Kaugummi-Archäologie”

Der älteste Kaugummi der Welt ist neuntausend Jahre alt. Diese uralte Kaumasse zeigt, dass schon unsere Vorfahren gerne auf etwas herumkauten. Ein urzeitliches Relikt, das beweist, dass Kaugummi wirklich zeitlos ist.

“Das Geheimnis der Schnürsenkel”

Die Plastikdinger am Ende von Schnürsenkeln nennt man Aglets. Diese kleinen Helfer verhindern das Ausfransen der Schnürsenkel und erleichtern das Einfädeln. Ein unscheinbares, aber unglaublich nützliches Detail in unserem täglichen Leben.

“Pfirsiche im Weltraum”

Der Pfirsich war die erste Frucht, die auf dem Mond gegessen wurde. Astronauten genossen diesen süßen Snack während ihrer Mission. Ein kleiner Bissen Erdgeschichte, der das Abenteuer noch süßer machte.

"Die Hemden-Knöpfgewohnheit"

Die meisten Menschen knöpfen ihre Hemden am unteren Ende zu. Diese gängige Methode erleichtert das Anziehen und sorgt dafür, dass nichts verrutscht. Ein kleiner Einblick in unsere täglichen Routinen, der zeigt, wie Gewohnheiten unser Leben prägen.

"Donut-Paradies: Dunkin' Donuts"

Dunkin' Donuts serviert jeden Tag etwa 112.500 Donuts. Diese süßen Leckereien erfreuen täglich Tausende von Menschen. Kein Wunder, dass Dunkin' Donuts ein so beliebter Ort für eine schnelle Zuckerpause ist.

“Die stündliche Luftbewegung”

Im Durchschnitt furzt der Mensch einmal pro Stunde. Diese natürliche Körperfunktion ist ein Zeichen dafür, dass unser Verdauungssystem gut arbeitet.

“Der schicke Armsaye”

Der Armausschnitt in der Kleidung wird Armsaye genannt. Diese kleine, aber wichtige Naht sorgt für Bewegungsfreiheit und Komfort. Ein modischer Begriff, der zeigt, wie detailliert und durchdacht unsere Kleidung wirklich ist.

"Jeans aus Genua"

Jeans wurden nach Genua, Italien, benannt, wo der erste Jeansstoff hergestellt wurde. Diese robuste und ikonische Kleidung hat ihren Ursprung in einer Stadt, die für ihre Textilherstellung berühmt ist. Ein modischer Klassiker mit tiefen Wurzeln.

"Lego für die Welt"

Mehr als 240 Milliarden Lego-Steine in zweitausend verschiedenen Formen wurden seit der Herstellung des ersten Steins im Jahr 1949 produziert. Das reicht für etwa dreißig Lego-Teile für jeden Menschen auf der Erde. Ein beeindruckender Beweis für die Beliebtheit dieses kreativen Spielzeugs.

“Pommes: Der Renner im Restaurant”

Das meistverkaufte Restaurantessen sind Pommes frites. Diese knusprigen Kartoffelstäbchen sind weltweit ein Favorit. Egal ob als Beilage oder Hauptgericht – Pommes sind immer ein Genuss.

“Burger-Gigant”

Der größte Hamburger der Welt brachte 1168 kg auf die Waage. Dieser monumentale Burger wäre eine Herausforderung für jeden Fast-Food-Liebhaber.

“Die Riesenkarotte”

Die längste Karotte der Welt war etwas mehr als 5,79 m lang. Diese gigantische Wurzelpflanze ist ein echter Rekordhalter im Gemüsebeet. Man kann sich kaum vorstellen, wie viele Salate und Suppen daraus gemacht werden könnten.

“Barbie-Überfluss in Italien”

In Italien gibt es mehr Barbiepuppen als Kanadier in Kanada. Diese erstaunliche Tatsache zeigt die immense Beliebtheit der Puppen in diesem Land.

“Koprolith: Dino-Hinterlassenschaften”

Dinosaurierkot wird Koprolith genannt. Diese versteinerte Exkrementprobe gibt Wissenschaftlern wertvolle Einblicke in das Leben der Dinosaurier. Ein etwas ungewöhnlicher, aber faszinierender Blick in die Vergangenheit.

“Nasenbohren hat einen Namen”

Die Angewohnheit, in der Nase zu bohren, wird Rhinotillexomanie genannt. Diese weitverbreitete, aber oft verpönte Angewohnheit hat tatsächlich einen wissenschaftlichen Namen. Ein kleines Stück kurioser Wissensschatz.

“Hähne und ihr Krähen”

Hähne können nicht krähen, wenn sie ihren Hals nicht vollständig strecken können. Diese interessante Tatsache zeigt, wie wichtig Körperhaltung selbst beim Krähen ist.

“Nie im Wasser: Ein seltener Fall”

Sieben Prozent der Amerikaner geben an, dass sie nie baden.

“Karotten: Ein Regenbogen im Gemüsebeet”

Karotten sind nicht immer orange, sie können auch lila, weiß, rot oder gelb sein. Diese bunten Wurzeln bringen Farbe in jede Mahlzeit und erinnern uns daran, dass Gemüsevielfalt weit über die gewohnten Orange hinausgeht. Ein Fest für die Augen und den Gaumen.

“Die singenden Autofahrer”

Fünfundsiebzig Prozent der Menschen, die während der Fahrt das Autoradio laufen lassen, singen auch mit.

“Tomate: Doppelte Ehre in Arkansas”

Die Tomate ist sowohl das Staatsgemüse als auch die Staatsfrucht von Arkansas. Diese vielseitige Pflanze hat eine doppelte Auszeichnung erhalten und zeigt, wie wichtig sie für die regionale Küche ist. Ein wahrer Star im Garten und auf dem Teller.

“Der Name als Erstes”

Wenn man ihnen einen neuen Stift zum Schreiben anbietet, schreiben 97 Prozent der Menschen ihren eigenen Namen. Dieser Reflex zeigt, wie stark wir mit unserem Namen verbunden sind. Es ist der erste Test für jeden neuen Stift und ein vertrauter Griff in jeder Situation.

“Kühl gelagert: Gummibänder”

Gummibänder halten länger, wenn sie gekühlt werden. Diese einfache Methode verlängert die Lebensdauer dieser nützlichen Helfer.

“Donnerkunde: Brontologie”

Brontologie ist das Studium des Donners. Diese faszinierende Wissenschaft untersucht die akustischen Phänomene von Gewittern. Ein donnernder Applaus für all jene, die das Rumpeln und Krachen der Natur verstehen wollen.

"Weihnachtsverbot in England"

Das Feiern von Weihnachten war in England früher illegal. Diese überraschende Tatsache erinnert uns an die wechselvolle Geschichte der Feiertage.

"Bowling-Gigant in Japan"

Japan hat die größte Bowlingbahn der Welt. Diese gigantische Anlage bietet unzählige Bahnen für Bowlingfans.

"Kuhaufstieg: Kein Abstieg"

Es ist möglich, eine Kuh die Treppe hinaufzuführen, aber nicht hinunter.

"Edison und die Dunkelheit"

Thomas Edison, der Erfinder der Glühbirne, hatte Angst vor der Dunkelheit. Diese Ironie des Schicksals zeigt, wie persönliche Ängste zu großen Erfindungen führen können. Seine Furcht vor der Dunkelheit brachte uns das Licht, das unseren Alltag erhellt.

“Fledermausvielfalt: Nächtliche Flugkünstler”

Es gibt mehr als 980 Arten von Fledermäusen. Diese faszinierenden Kreaturen bevölkern die Nacht und sind in ihrer Vielfalt unübertroffen. Von winzigen Insektenfängern bis hin zu großen Fruchtfledermäusen – jede Art bringt ihre eigenen Besonderheiten mit sich.

“Kuh-Kunst in Texas verboten”

In Texas ist es illegal, die Kuh eines anderen zu beschmieren. Diese kuriose Regel zeigt, wie ernst es den Texanern mit dem Schutz ihrer Rinder ist. Kein Kuh-Kunstwerk ist hier erlaubt – also besser die Finger von fremden Kühen lassen!

“Papier aus Spargel: Eine grüne Alternative”

Papier kann aus Spargel hergestellt werden. Diese umweltfreundliche Innovation nutzt die Vielseitigkeit des Gemüses. Wer hätte gedacht, dass Spargel nicht nur auf dem Teller, sondern auch im Büro nützlich sein kann?

“Telefonmarathon”

Der durchschnittliche Mensch verbringt etwa zwei Jahre am Telefon. Diese erstaunliche Zeitspanne zeigt, wie sehr wir an unseren Telefonen hängen. Ein moderner Kommunikationsmarathon, der kaum zu glauben ist.

"Kameljagd in Arizona verboten"

In Arizona ist es illegal, Kamele zu jagen. Diese ungewöhnliche Gesetzgebung erinnert an die historischen Experimente mit Kamelen im amerikanischen Westen. Ein kurioser Einblick in die juristische Landschaft des Staates.

"Essstäbchenwahnsinn in China"

China verbraucht 45 Milliarden Essstäbchen pro Jahr, für deren Herstellung 25 Millionen Bäume benötigt werden. Diese erstaunliche Zahl zeigt den enormen Verbrauch des Landes. Ein guter Grund, auf wiederverwendbare Essstäbchen umzusteigen.

"Schwedische Seehundregeln"

In Schweden ist es illegal, einem Seehund beizubringen, einen Ball auf der Nase zu balancieren. Dieses skurrile Gesetz zeigt den schwedischen Schutzgedanken für Tiere. Ein ungewöhnlicher, aber sympathischer Aspekt des Tierschutzes.

"Die gigantische Wassermelone"

Die größte Wassermelone der Welt wog 159 kg. Dieser saftige Riese wäre der Star auf jeder Sommerparty. Ein beeindruckendes Beispiel für die Größe, die Früchte erreichen können.

“Die Gewichtskraft der Erde”

Es bräuchte achtzig Monde, um das Gewicht der Erde zu erreichen. Diese astronomische Tatsache zeigt die gewaltige Masse unseres Planeten. Ein faszinierender Vergleich, der die Größe der Erde ins rechte Licht rückt.

“Steinerne Träume: Ägyptische Schlafgewohnheiten”

Die alten Ägypter schliefen auf Kissen aus Stein. Diese ungewöhnlichen Kopfstützen mögen unbequem klingen, boten jedoch Halt und Kühlung in der heißen Wüste. Ein faszinierender Einblick in die Schlafkultur einer längst vergangenen Zeit.

"Rasante Darmwinde"

Fürze sind mit einer Geschwindigkeit von 10,97 km/h gemessen worden. Diese erstaunliche Geschwindigkeit zeigt, dass unsere Körper auch in dieser Hinsicht wahre Kraftwerke sind. Ein lustiges Detail, das bei der nächsten Party sicher für Lacher sorgt.

"Glück aus Los Angeles"

Glückskekse wurden in Los Angeles erfunden. Diese knusprigen Botschafter der Weisheit stammen nicht aus China, sondern aus Kalifornien. Ein süßes Beispiel dafür, wie Kulturen verschmelzen und neue Traditionen entstehen.

“Caesar’s Salat aus Mexiko”

Der Caesar-Salat wurde in Mexiko erfunden. Dieses beliebte Gericht stammt aus Tijuana und nicht aus dem alten Rom.

“Kindliche Fröhlichkeit”

Sechsjährige lachen durchschnittlich dreihundert Mal am Tag. Diese beeindruckende Zahl zeigt, wie viel Freude und Unbeschwertheit Kinder in unser Leben bringen. Ein Grund mehr, sich von ihrem Lachen anstecken zu lassen.

“Die Pisa-Stufen-Challenge”

Es gibt 294 oder 296 Stufen auf der Spitze des Schiefen Turms von Pisa, je nachdem, welche Treppe man gerade besteigt. Diese kleine Diskrepanz macht den Aufstieg zu einem kleinen Abenteuer. Wer zählt richtig?

“Der Cheeseburger aus Denver”

Die Stadt Denver, Colorado, behauptet, den Cheeseburger erfunden zu haben.

“Lächeln versus Stirnrunzeln”

Zum Lächeln braucht man siebzehn Gesichtsmuskeln, zum Stirnrunzeln jedoch zweiundvierzig Muskeln. Diese Fakten zeigen, dass es weniger Anstrengung kostet, freundlich zu sein. Also, lächeln wir doch öfter – es ist einfacher und macht glücklicher!

“Rückwärts-Schwimmer: Krabben”

Krabben schwimmen rückwärts. Diese ungewöhnliche Fortbewegungsmethode hilft ihnen, schnell zu entkommen und Nahrung zu finden.

"Buckingham's Zimmerflut"

Der Buckingham Palace hat mehr als sechshundert Zimmer. Diese beeindruckende Anzahl zeigt die Größe und Pracht des königlichen Anwesens. Ein Palast, der Platz für viele königliche Gäste und Events bietet.

"Die Hammerwange"

Die Seite eines Hammers wird als Wange bezeichnet. Diese kleine, aber wichtige Komponente hilft dabei, Nägel präzise einzuschlagen.

“Asymmetrische Beine”

Die Beine der meisten Menschen sind etwas unterschiedlich lang. Diese kleine Asymmetrie ist völlig normal und oft unbemerkt.

“Indiana’s Durstlöscher”

Wasser ist das offizielle Staatsgetränk von Indiana. Diese erfrischende Wahl zeigt, dass die Bewohner des Bundesstaates ihre natürliche Ressource schätzen.

"Der schrumpfende Eiffelturm"

Die Höhe des Eiffelturms variiert je nach Temperatur um bis zu sechs Zentimeter, so dass er im Winter kürzer ist. Dieses faszinierende Phänomen zeigt, wie sogar gigantische Bauwerke von den Kräften der Natur beeinflusst werden.

"Willkommen in Ding Dong, Texas"

In Texas gibt es eine Stadt namens Ding Dong. Dieser skurrile Ortsname bringt jeden zum Schmunzeln. Wer würde nicht gerne einmal durch Ding Dong fahren und ein Selfie vor dem Ortsschild machen?

“San Diegos Tierparadies”

Der Zoo von San Diego hat die größte Sammlung von Tieren der Welt. Mit einer unglaublichen Vielfalt an Arten bietet dieser Zoo ein unvergessliches Erlebnis für Besucher jeden Alters.

“Wimpern: Kurzzeitbewohner”

Die durchschnittliche menschliche Wimper lebt etwa 150 Tage. In dieser kurzen Lebenszeit schützt sie unsere Augen vor Staub und Schmutz. Ein kleiner, aber wichtiger Teil unseres Körpers, der ständig erneuert wird.

"Das Gewicht des Sehens"

Der durchschnittliche Augapfel wiegt etwa eine Unze. Dieses kleine, aber komplexe Organ ermöglicht uns das Sehen und Wahrnehmen der Welt um uns herum. Ein wahres Wunder der Natur, das wir oft für selbstverständlich halten.

"Perfekte Nähte"

Ein Baseball hat genau 108 Stiche. Diese präzise Anzahl sorgt für die optimale Flugbahn und Haltbarkeit des Balls. Ein Detail, das zeigt, wie viel Wissenschaft und Handwerk in einem einfachen Sportgerät stecken.

“Essenszeit: Siebenundsiebzig Minuten”

Ein Erwachsener verbringt im Durchschnitt siebenundsiebzig Minuten pro Tag mit dem Essen. Diese tägliche Aktivität ist nicht nur eine Notwendigkeit, sondern auch ein Genuss. Zeit, die wir gerne mit gutem Essen und in guter Gesellschaft verbringen.

“Termiten-Snack”

In Südafrika werden Termiten oft geröstet und wie Brezeln oder Popcorn gegessen. Diese proteinreichen Insekten sind ein beliebter Snack und eine nachhaltige Nahrungsquelle. Ein ungewöhnlicher Leckerbissen, der zeigt, wie vielfältig die Küche weltweit sein kann.

“Linkshänder-Überraschung”

Jungen sind mit größerer Wahrscheinlichkeit Linkshänder als Mädchen.

“Wortmischung: Das Portmanteau”

Wenn zwei Wörter miteinander kombiniert werden, um ein neues Wort zu bilden (z. B. Frühstück + Mittagessen = Brunch), nennt man das neue Wort ein Portmanteau. Diese kreativen Wortkreationen bereichern unsere Sprache und sorgen für lustige und praktische Begriffe.

“Schreckgespenst Spinne”

Die Angst vor Spinnen ist die häufigste Phobie, gefolgt von der Angst vor Schlangen. Diese weitverbreiteten Ängste zeigen, wie tief verwurzelt unsere Furcht vor krabbelnden und schlängelnden Kreaturen ist. Ein Spinnennetz im Keller reicht oft schon aus, um einen Herzschlag zu beschleunigen.

“Fünf Träume pro Nacht”

Menschen träumen durchschnittlich fünfmal pro Nacht. Diese nächtlichen Abenteuer lassen uns fantastische Welten erleben und bieten oft merkwürdige Geschichten. Auch wenn wir uns nicht immer an alle Träume erinnern, begleiten sie uns jede Nacht.

“Drachenfliegen in Thailand”

Drachenfliegen ist in Thailand ein professioneller Sport. Diese farbenfrohen Wettbewerbe ziehen viele Zuschauer an und zeigen die beeindruckende Kunstfertigkeit der Drachenflieger. Ein luftiger Spaß, der Groß und Klein begeistert.

“Sumo: Der japanische Nationalsport”

Der Nationalsport Japans ist Sumo-Ringen. Diese traditionelle Kampfsportart zieht jedes Jahr Tausende von Fans in die Arenen. Mit ihren komplexen Ritualen und beeindruckenden Athleten ist Sumo ein fester Bestandteil der japanischen Kultur.

“Schlafende Pferde”

Pferde können im Stehen schlafen. Diese Fähigkeit ermöglicht es ihnen, schnell auf Gefahren zu reagieren.

“Eishockey-Puck: Kleine, aber feine Scheibe”

Ein Eishockey-Puck ist einen Zoll dick. Diese kleine, harte Scheibe flitzt über das Eis und sorgt für rasante Action auf dem Spielfeld. Ein unverzichtbares Element für das schnelle und spannende Spiel.

"Der schnelle Tropfen"

Ein normaler Tropfen fällt mit einer Geschwindigkeit von etwa 11,2 km/h. Diese scheinbar langsame Geschwindigkeit reicht aus, um bei Regen für eine ordentliche Abkühlung zu sorgen. Ein kleiner Tropfen, der große Wirkung zeigt.

"Augen auf: Ohne Augenlider"

Fische und Schlangen haben keine Augenlider. Diese faszinierenden Kreaturen kommen ohne das Blinzeln aus und haben dennoch scharfe Sicht. Ein weiteres Wunder der Natur, das uns zeigt, wie unterschiedlich Lebewesen angepasst sind.

"Baum zu Tüte: Das Papiertütenwunder"

Aus einem fünfzehn- bis zwanzigjährigen Baum lassen sich siebenhundert Papiertüten herstellen. Diese beeindruckende Zahl zeigt, wie wertvoll jeder Baum für die Papierproduktion ist. Ein Grund mehr, Recycling zu fördern und Bäume zu schützen!

"Insektenübermacht"

Auf jeden Menschen auf der Erde kommen 200 Millionen Insekten. Diese winzigen Krabbler übertreffen uns bei weitem in der Anzahl. Ob als Bestäuber oder Bodenverbesserer – Insekten spielen eine riesige Rolle in unserem Ökosystem.

“Eisberg vs. Streichholz”

Ein Eisberg enthält mehr Wärme als ein Streichholz. Diese überraschende Tatsache zeigt, dass selbst gigantische Eisberge mehr Energie speichern, als man denkt. Ein kleiner, aber faszinierender Einblick in die Physik der Kälte.

“Hunde und der Blinddarm”

Hunde haben keinen Blinddarm. Diese anatomische Besonderheit zeigt, dass unsere treuen Begleiter sich ein wenig anders entwickelt haben als wir. Während wir unseren Blinddarm kaum brauchen, sind Hunde ohne ihn bestens zurechtgekommen.

“Pyjama-Mode in Indien”

In Indien können Männer Pyjamas in der Öffentlichkeit tragen, da sie tagsüber als Standardkleidung gelten. Diese bequeme Tradition sorgt für viel Komfort und zeigt, dass Mode und Funktion wunderbar kombiniert werden können.

“Glasrecycling für die Energie”

Das Recycling eines Glases spart genug Energie, um einen Fernseher drei Stunden lang zu betreiben. Diese erstaunliche Energieeinsparung zeigt, wie sinnvoll und wichtig Recycling ist. Ein kleiner Beitrag mit großer Wirkung.

"Wachstumswunder der Menschheit"

Die Weltbevölkerung wächst jedes Jahr um 100 Millionen Menschen. Diese riesige Zahl zeigt das rasante Wachstum unserer Spezies. Eine beeindruckende Statistik, die uns über die Zukunft unserer Welt nachdenken lässt.

"Blauwalbaby: Gigantischer Start ins Leben"

Ein Blauwalbaby ist bei der Geburt 7,6 m lang. Diese Meeresriesen beginnen ihr Leben schon in beeindruckender Größe. Ein Blauwalbaby wäre also fast so lang wie ein Bus – ein wahrhaft großer Start ins Leben!

“Giraffenbaby: Der große Sprung ins Leben”

Ein Giraffenbaby ist bei der Geburt etwa einen Meter groß. Diese hohen Neugeborenen starten ihr Leben schon mit beeindruckender Größe. Kein Wunder, dass sie später zu den größten Landtieren heranwachsen.

“Sechsbeinige Herrscher”

Schätzungsweise 80 Prozent der Lebewesen auf der Erde haben sechs Beine. Diese erstaunliche Zahl zeigt die Dominanz der Insekten und anderer Gliederfüßer auf unserem Planeten.

“Kurzlebige Flugkünstler”

Eine Libelle hat eine Lebensspanne von vier bis sieben Wochen. Diese faszinierenden Insekten verbringen ihre kurze Zeit mit waghalsigen Flugmanövern und der Jagd nach Beute. Ein kurzes, aber beeindruckendes Leben in der Luft.

“Antarktis: Ein Land für alle”

Die Antarktis ist das einzige Land auf unserem Planeten, das keinem Land gehört. Diese eisige Wüste ist ein gemeinsames Erbe der Menschheit. Ein einzigartiger Kontinent, der für Wissenschaft und Forschung reserviert ist.

"Schmetterlingszunge am Hinterfuß"

Schmetterlinge schmecken mit ihren Hinterfüßen. Diese ungewöhnliche Fähigkeit hilft ihnen, die besten Pflanzen für die Eiablage zu finden. Ein weiteres Beispiel dafür, wie faszinierend und vielfältig die Natur ist.

"Panamas einmaliges Sonnenwunder"

Panama ist der einzige Ort auf der Welt, an dem man die Sonne über dem Pazifik aufgehen und über dem Atlantik untergehen sehen kann. Dieses außergewöhnliche Naturschauspiel macht Panama zu einem einzigartigen Ort, der täglich zwei Ozeane verbindet.

“Flattermann: Der frühe Schmetterling”

Der ursprüngliche Name für den Schmetterling war “Flattermann”. Dieser alte Name beschreibt perfekt das zarte Flattern dieser schönen Insekten. Ein nostalgischer Rückblick auf die sprachliche Entwicklung und die poetische Natur unserer Vorfahren.

“Kaugummi-Gesetz in Somalia”

In Somalia ist es verboten, einen alten Kaugummi auf der Nasenspitze zu tragen.

“Fußball: Der globale Favorit”

Fußball wird in mehr Ländern gespielt als jede andere Sportart. Diese weltweite Begeisterung vereint Millionen von Menschen. Egal, ob auf staubigen Straßen oder in großen Stadien – Fußball ist überall ein Hit.

“Schlucken mit geschlossenen Augen”

Frösche müssen ihre Augen schließen, um zu schlucken. Diese ungewöhnliche Methode hilft ihnen, das Essen in ihren Rachen zu befördern.

"Wortreiche Tage"

Der durchschnittliche Mensch spricht etwa 31.500 Wörter pro Tag. Diese Flut an Wörtern zeigt, wie wichtig Kommunikation in unserem täglichen Leben ist. Von Gesprächen bis zu Monologen – unsere Stimmen sind ständig im Einsatz.

"Esel und Badewannen in Arizona"

In Arizona ist es Eseln nicht erlaubt, in Badewannen zu schlafen. Dieses kuriose Gesetz entstand nach einem Vorfall mit einer überfluteten Stadt.

"Zahnlücken bei Kröten"

Kröten haben keine Zähne, Frösche aber schon. Diese kleine anatomische Differenz macht den Unterschied zwischen den beiden Amphibien aus.

"Der rekordverdächtige Furz"

Der längste anhaltende Furz dauerte zwei Minuten und zweiundvierzig Sekunden.

“Pac-Man Perfektion”

Die maximale Punktzahl, die im Spiel Pac-Man erreicht werden kann, beträgt 3.333.360. Dieser ultimative Highscore wurde 1999 erstmals erreicht und bleibt ein Meilenstein in der Videospielgeschichte.

“Galaxien in Hülle und Fülle”

Es wird geschätzt, dass es im gesamten Universum mehr als eine Billion Galaxien gibt. Diese unvorstellbare Zahl zeigt die unendliche Weite des Kosmos. Ein faszinierender Gedanke, der uns unsere eigene Winzigkeit im Universum vor Augen führt.

"Dinosaurier: Herrscher der Zeit"

Dinosaurier lebten fast 150 Millionen Jahre lang auf der Erde – 75 Mal länger, als der Mensch heute auf der Erde lebt. Diese beeindruckende Zeitspanne zeigt, wie kurz unsere Existenz im Vergleich ist.

"Laika: Der erste Weltraumhund"

Das erste Lebewesen, das die Erde umkreiste, war ein Hund namens Laika im Jahr 1957.

“Stoßzahn-Giganten: Die Wollhaarmammuts”

Das Wollhaarmammut hatte fast drei Meter lange Stoßzähne. Diese beeindruckenden Werkzeuge halfen den Mammuts, in der eisigen Kälte der Eiszeit zu überleben. Ein faszinierender Einblick in das Leben dieser prähistorischen Giganten.

“Mini-Dinos: Klein, aber oho”

Einige Dinosaurier waren so klein wie Hühner. Diese winzigen Kreaturen zeigen, dass nicht alle Dinos riesige Monster waren. Auch die kleinsten unter ihnen hinterließen ihre Spuren in der Geschichte der Erde.

"Könige des Schlafs: Löwen"

Löwen schlafen bis zu zwanzig Stunden am Tag. Diese majestätischen Raubkatzen wissen, wie man sich entspannt. Ihre ausgedehnten Nickerchen geben ihnen die Energie, die sie für die Jagd brauchen.

"Gepard: Blitzschneller Sprinter"

Der Gepard kann in nur zwei Sekunden eine Geschwindigkeit von bis zu 72,5 km/h erreichen. Diese unglaubliche Geschwindigkeit macht ihn zum schnellsten Landtier. Ein wahrer Sprinter, der seine Beute in kürzester Zeit einholt.

“Mondreise: Ein 27-Tage-Trip”

Der Mond umkreist die Erde alle 27,32 Tage. Dieser ständige Tanz am Nachthimmel hat die Menschheit seit jeher fasziniert. Ein treuer Begleiter, der niemals von unserer Seite weicht.

“Eisbär: Der Polarkönig”

Der Eisbär ist der einzige Bär, der Haare an seinen Fußsohlen hat. Diese spezielle Anpassung schützt seine Füße vor der Kälte und verhindert das Ausrutschen auf dem Eis.

“Sonnenlicht-Express”

Es dauert 8,5 Minuten, bis das Licht der Sonne die Erde erreicht. Diese kurze Reisezeit zeigt, wie schnell Licht durch das All rast. Ein Wimpernschlag der kosmischen Zeitrechnung.

“Amerikas kleine Bewohner: Die Maus”

Die Maus ist das häufigste Säugetier in den Vereinigten Staaten. Diese winzigen Nagetiere sind überall zu finden und haben sich perfekt an das Leben neben Menschen angepasst.

“Die Simpsons: Ewige Unterhaltung”

Die Simpsons sind die am längsten laufende Zeichentrickserie im Fernsehen. Diese kultige Show hat Generationen von Fans zum Lachen gebracht und bleibt ein fester Bestandteil der Popkultur. Ein echter Dauerbrenner.

“Hamsterblinzeln: Einäugige Grüße”

Viele Hamster blinzeln immer nur mit einem Auge. Diese skurrile Angewohnheit gibt ihnen einen einzigartigen Charme. Ein lustiges Detail, das Hamsterfreunde schätzen.

“Die gigantische Sonne”

Die Sonne ist fast sechshundertmal so groß wie alle Planeten zusammen. Diese gewaltige Größe macht sie zum unumstrittenen Zentrum unseres Sonnensystems. Ein brennender Riese, der uns alle in seinem Bann hält.

“Der Glockenvogel: Lauter als der Rest”

Der lauteste Vogel der Welt ist der männliche Glockenvogel, der in Mittel- und Südamerika vorkommt. Man kann ihn aus kilometerweiter Entfernung hören. Ein beeindruckender Sänger, der seine Stimme erhebt, um Gehör zu finden.

“Abrakadabra: Magie gegen Heuschnupfen”

Das Zauberwort Abrakadabra sollte ursprünglich gesprochen werden, um Heuschnupfen zu heilen. Diese magische Formel hatte also einen ganz praktischen Nutzen. Ein kurioser Ursprung für ein Wort, das heute in jeder Zaubershow verwendet wird.

“Papageienparade”

Es gibt mehr als dreihundert Arten von Papageien. Diese bunten und klugen Vögel bevölkern die Tropen und bringen Farbe und Freude in die Welt. Ein echtes Wunder der Artenvielfalt.

“Dreifacher Augenschutz: Die Ente”

Eine Ente hat drei Augenlider. Diese zusätzliche Schutzschicht hilft den Enten, ihre Augen sauber und sicher zu halten. Ein praktisches Feature für das Leben im Wasser.

“Sonnenkraft deluxe”

Die Sonne produziert in jeder Minute mehr Energie als die gesamte auf der Erde verbrauchte Energie in einem ganzen Jahr. Diese gigantische Energiemenge zeigt die unglaubliche Macht unseres Sterns. Ein wahrer Kraftprotz im Universum.

"Die tierischen Ballonfahrer"

Ein Schaf, eine Ente und ein Hahn waren die ersten Passagiere in einem Heißluftballon. Dieses tierische Trio trat 1783 eine historische Reise an und eröffnete das Zeitalter der Luftfahrt.

"Straußeneinblick"

Das Auge eines Straußes ist größer als sein Gehirn. Diese ungewöhnliche Tatsache zeigt, dass Größe nicht alles ist. Ein kleiner Kopf mit großen Augen – perfekt für den scharfen Blick in die Ferne.

“Rückwärts-Kolibri”

Der Kolibri ist der einzige Vogel, der rückwärts fliegen kann. Diese erstaunliche Fähigkeit macht ihn zu einem wahren Akrobaten der Lüfte. Ein fliegendes Wunderwerk der Natur, das uns immer wieder beeindruckt.

“Telefon-Tschüss?”

Sitcom-Figuren verabschieden sich selten, wenn sie das Telefon auflegen. Diese merkwürdige Eigenart der Fernsehserien zeigt, dass die Realität oft anders aussieht.

“Flamingo-Futter”

Flamingos können nur mit dem Kopf nach unten essen. Diese spezielle Fressgewohnheit macht sie einzigartig in der Vogelwelt.

“Pinguin-Schwimmer”

Der Pinguin ist der einzige Vogel, der schwimmen, aber nicht fliegen kann. Diese Anpassung macht ihn zum perfekten Bewohner der eisigen Meere. Ein echter Spezialist für das Leben im Wasser.

“Erdgeometrie”

Die Erde ist nicht rund. Sie ist ein abgeflachtes Sphäroid, das heißt, sie ist an den Polen abgeflacht und am Äquator gewölbt.

“Wasserwesen”

Quallen bestehen zu mehr als 95 Prozent aus Wasser und haben weder ein Gehirn, noch ein Herz, noch Knochen oder richtige Augen. Diese einfachen, aber faszinierenden Kreaturen zeigen, dass Leben auch ohne komplizierte Organe möglich ist.

"Delfinschlafwache"

Delfine schwimmen im Schlaf im Kreis, wobei das Auge an der Außenseite des Kreises geöffnet ist, um nach Raubtieren Ausschau zu halten. Nach einer gewissen Zeit kehren sie um und schwimmen in die entgegengesetzte Richtung, wobei das andere Auge geöffnet ist. Ein cleveres Schlafsystem, das Sicherheit bietet.

"Schwimmverbot im Reservoir"

Es ist verboten, im Central Park Reservoir in New York City zu schwimmen. Diese Regel schützt die Wasserqualität und die Sicherheit der Besucher. Ein ruhiges Wasserreservoir inmitten der hektischen Stadt.

“Rasante Haie”

Haie können bis zu 64 km/h schnell schwimmen. Diese unglaubliche Geschwindigkeit macht sie zu den blitzschnellen Jägern der Meere. Ein beeindruckendes Beispiel für die Kraft und Eleganz der Natur.

“Energiesparende Delfine”

Delfine springen aus dem Wasser, um Energie zu sparen. Es ist einfacher, sich durch die Luft zu bewegen als durch das Wasser. Ein kluger Trick, der zeigt, wie effizient diese Meeressäuger sind.

“Regenparadies”

Der Mount Waialeale auf Hawaii ist der feuchteste Ort der Welt. Dort regnet es etwa 90 Prozent des Jahres. Ein wahres Wasserparadies auf der Erde, das die Pflanzen und Tiere der Region nährt.

“Haie in Panik”

Manche Haie schwimmen in einer Acht, wenn sie sich erschrecken. Diese ungewöhnliche Reaktion zeigt, wie sensibel diese Raubfische sein können.

"Seelöwen-Massen"

Einst gab es mehr Seelöwen als Menschen auf der Erde. Diese erstaunliche Tatsache zeigt, wie reich die Meere einst an Leben waren.

"Der fernste Punkt"

Der am weitesten von allen Ozeanen entfernte Punkt liegt in China. Diese abgelegene Stelle zeigt, wie riesig unser Planet ist.

"Haustier-Nation"

In den Vereinigten Staaten gibt es mehr als hundert Millionen Hunde und Katzen. Diese Liebe zu Haustieren zeigt, wie eng die Beziehung zwischen Mensch und Tier sein kann. Eine Nation, die ihre pelzigen Freunde schätzt.

"Schnee in der Sahara"

Mindestens zweimal hat es in der Wüste Sahara geschneit. Diese seltenen Wetterphänomene zeigen, dass selbst die trockensten Orte der Erde Überraschungen bereithalten. Ein faszinierender Anblick in einer sonst so heißen Umgebung.

“Banana-Snack für Rentiere”

Rentiere fressen gerne Bananen. Diese ungewöhnliche Vorliebe macht sie zu wahren Feinschmeckern.

“Verrücktes West Virginia”

In West Virginia gibt es eine Stadt namens Looneyville. Dieser skurrile Ortsname klingt wie aus einem Cartoon.

"Gürteltier im Wasser"

Ein Gürteltier kann unter Wasser laufen. Diese erstaunliche Fähigkeit macht es zu einem wahren Überlebenskünstler.

"Die Methusalems der Tierwelt"

Riesenschildkröten können über 150 Jahre alt werden. Diese langlebigen Kreaturen erleben ganze Jahrhunderte.

"Alaskas jugendlicher Designer"

Die Staatsflagge von Alaska wurde von einem dreizehnjährigen Jungen entworfen. Diese beeindruckende Geschichte zeigt, dass Kreativität und Talent keine Altersgrenzen kennen. Eine Flagge, die die Weite und Schönheit Alaskas symbolisiert.

"Kleine Künstler am Werk"

Kinder im Alter von zwei bis sieben Jahren malen im Durchschnitt achtundzwanzig Minuten pro Tag. Diese kreative Zeit fördert ihre Fantasie und motorischen Fähigkeiten. Ein tägliches Ritual, das Farben und Freude in ihr Leben bringt.

“Russland trifft Amerika”

Am nächstgelegenen Punkt sind Russland und Amerika weniger als drei Meilen voneinander entfernt. Diese geographische Nähe zeigt, wie klein die Welt tatsächlich ist. Ein kurzer Sprung über die Beringstraße, und man ist auf einem anderen Kontinent.

“Schlammspringer an Land”

Der Schlammspringer kann tatsächlich an Land gehen. Diese faszinierenden Fische haben sich angepasst und können sowohl im Wasser als auch an Land leben.

"Duschzeit"

Der durchschnittliche Erwachsene verbringt etwa zwölf Minuten unter der Dusche.

"Krachende Krabbe"

Die Pistolenkrabbe macht ein so lautes Geräusch, dass sie Glas zerschmettern kann. Dieses beeindruckende Geräusch ist eine ihrer Verteidigungsmechanismen.

“Großer Lincoln”

Der größte Präsident war Abraham Lincoln mit 1,93 m. Diese beeindruckende Höhe passte zu seiner bedeutenden Präsenz und Führung. Ein Riese, nicht nur in politischer Hinsicht.

“Die Fragenflut”

Ein durchschnittliches vierjähriges Kind stellt mehr als vierhundert Fragen pro Tag. Diese Neugier treibt ihr Lernen und ihre Entwicklung voran. Ein endloser Wissensdurst, der Eltern manchmal an ihre Grenzen bringt.

“Lange lebende Eichhörnchen”

Eichhörnchen leben in Gefangenschaft in der Regel länger als in freier Wildbahn. Diese geschützte Umgebung bietet ihnen Sicherheit und ausreichend Nahrung.

“Familienbande der Präsidenten”

Jeder US-Präsident hatte mindestens ein Geschwisterkind; keiner war Einzelkind. Diese familiären Verbindungen könnten eine Rolle in ihrer Entwicklung und Führung gespielt haben. Ein interessanter Aspekt der präsidialen Geschichte.

“Kunst auf Mais”

Das kleinste Gemälde der Welt wurde auf ein Maiskorn gemalt.

“Babys im August”

Der August ist der Monat, in dem die meisten Babys geboren werden. Diese statistische Besonderheit zeigt, dass der Sommer ein beliebter Geburtsmonat ist.

“Lesen auf dem Thron”

66 Prozent der Amerikaner geben zu, dass sie auf der Toilette lesen. Diese stille Zeit wird oft für das Nachholen von Lektüre genutzt. Ein verbreitetes, aber selten besprochenes Ritual.

“Der Rekordkuss”

Der längste aufgezeichnete Kuss dauerte über 58 Stunden.

“Blaue Lebensmittel sind eine Illusion”

Es gibt keine blauen Lebensmittel – selbst Blaubeeren sind lila. Diese interessante Tatsache zeigt, wie selten die Farbe Blau in der Natur vorkommt.

“Die Bett-Phobie: Klinophobie”

Klinophobie ist die Angst, ins Bett zu gehen. Für manche Menschen ist die Aussicht auf Schlaf ein Albtraum.

"Der elegante Seiltänzer"

Ein Funambulist ist ein anderer Name für einen Seiltänzer. Diese mutigen Artisten balancieren hoch oben in der Luft und zeigen unglaubliche Geschicklichkeit. Ein echter Balanceakt zwischen Himmel und Erde.

"Ein schicksalhafter 4. Juli"

Die Präsidenten Thomas Jefferson, John Adams und James Monroe starben alle am 4. Juli. Dieses historische Datum ist nicht nur Amerikas Unabhängigkeitstag, sondern auch ein merkwürdiger Zufall im Leben dieser drei Präsidenten.

“Goofys Familiengeheimnis”

Der Sohn von Goofy heißt Goofy Jr. Diese niedliche Namensgebung zeigt, dass selbst in der Cartoon-Welt Traditionen gepflegt werden.

“Der schneidende Präsident”

Präsident Andrew Johnson hat seine Kleidung manchmal selbst genäht. Diese praktische Fertigkeit zeigt, dass selbst mächtige Männer manchmal einfache Hobbys haben. Ein Präsident mit Nadel und Faden.

“Monopoly-Millionen”

Jeden Tag wird mehr Geld für Monopoly gedruckt als für das US-Finanzministerium. Diese erstaunliche Tatsache zeigt die anhaltende Beliebtheit des Spiels. Ein fiktiver Geldregen, der Familien weltweit begeistert.

“Mariah und ihre Pizza”

Das Lieblingsessen von Mariah Carey ist Pizza. Ein kulinarischer Favorit, der uns alle verbindet.

“Punkt, Punkt, Komma, Strich”

Die Interpunktion gab es in der Schrift erst im fünfzehnten Jahrhundert. Diese späte Einführung zeigt, wie sich die schriftliche Kommunikation entwickelt hat. Ein kleiner Schritt für die Schrift, ein großer für die Klarheit.

“Tafts Badewannenabenteuer”

Präsident William Taft blieb einmal in seiner Badewanne stecken. Diese skurrile Begebenheit zeigt, dass selbst Präsidenten peinliche Momente erleben. Ein Bad, das er sicherlich nicht so schnell vergessen hat.

“Zwei Geburtstage für die Königin”

Die Königin von England hat zwei Geburtstage – einen echten und einen offiziellen. Diese königliche Tradition sorgt für doppelte Feiern und zeigt die besondere Stellung der Monarchie.

“Die Angst vor der Schere”

Tonsurphobie ist die Angst vor dem Haareschneiden. Diese spezielle Phobie macht den Friseurbesuch zur Mutprobe. Ein weiterer Beweis dafür, wie vielfältig menschliche Ängste sein können.

“Ahoi, Telefon!”

Früher sagte man “ahoi” statt “hallo”, wenn man ans Telefon ging. Diese maritime Begrüßung zeigt, wie sich Sprache und Technologie im Laufe der Zeit verändert haben. Ein nostalgischer Gruß aus vergangenen Tagen.

“Fneosam: Das alte Niesen”

Das alte englische Wort für Niesen ist fneosam. Diese interessante Sprachentwicklung zeigt, wie sich Wörter im Laufe der Jahrhunderte verändern.

“Der feige Kuhhirte”

Das Wort Feigling bezog sich ursprünglich auf einen Jungen, der sich um Kühe kümmerte. Diese etymologische Überraschung zeigt, wie sich Bedeutungen von Wörtern wandeln.

“Biebers Spaghetti-Liebe”

Justin Biebers Lieblingsessen sind Spaghetti und Fleischbällchen. Diese einfache, aber köstliche Mahlzeit zeigt, dass auch Popstars bodenständige Vorlieben haben. Ein klassisches Gericht, das immer geht.

“Von Wölfen zu Hunden”

Alle Hunde sind Nachkommen von Wölfen. Diese evolutionäre Verbindung zeigt, wie eng unsere treuen Begleiter mit ihren wilden Vorfahren verwandt sind. Ein faszinierender Blick in die Geschichte der Hundezucht.

“Das hawaiianische Alphabet”

Das hawaiianische Alphabet hat nur zwölf Buchstaben. Diese sprachliche Einfachheit zeigt die Besonderheit der hawaiianischen Sprache.

“Die Sprachvielfalt der Erde”

Es wird angenommen, dass auf der Erde mehr als sechstausend verschiedene Sprachen gesprochen werden. Diese unglaubliche Zahl zeigt die kulturelle und sprachliche Vielfalt unseres Planeten. Ein wahres Sprachparadies.

“Das seltene W”

Kein spanisches Wort beginnt mit dem Buchstaben W. Diese interessante sprachliche Eigenheit zeigt, wie unterschiedlich die Buchstabenverteilung in verschiedenen Sprachen sein kann.

"Mario Rossi: Der italienische Klassiker"

Der häufigste Name in Italien ist Mario Rossi. Dieser Name ist so verbreitet, dass er fast zu einem Synonym für den Durchschnitts Italiener geworden ist. Ein klassischer Name für ein klassisches Land.

"Hamburger aus einer Kuh"

Aus einer Kuh können vierhundert Viertel Kilo-Hamburger hergestellt werden. Diese beeindruckende Menge zeigt, wie viel Fleisch ein einzelnes Rind liefern kann.

“Die grüne Coca-Cola”

Coca-Cola war ursprünglich grün. Diese verblüffende Tatsache zeigt, wie sich das berühmte Getränk im Laufe der Zeit verändert hat. Ein ungewohnter Anblick für ein Getränk, das wir uns heute kaum anders vorstellen können.

“Tom Hanks und Abraham Lincoln”

Der Schauspieler Tom Hanks ist mit Abraham Lincoln verwandt. Diese überraschende Verbindung zeigt, dass selbst Hollywoodstars historische Wurzeln haben.

"Erdnussbutter aus Erdnüssen"

Man braucht mehr als fünfhundert Erdnüsse, um ein Glas Erdnussbutter herzustellen. Diese riesige Menge zeigt, wie viel Arbeit in einem einzigen Glas steckt.

"Pomologie: Die Fruchtkunde"

Pomologie ist die Lehre von den Früchten. Diese Wissenschaft widmet sich den süßen und saftigen Gaben der Natur. Ein Fachgebiet, das Obstliebhaber ins Schwärmen bringt.

“Holländische Doughnuts”

Doughnuts stammen ursprünglich aus Holland. Diese leckeren Teigringe haben ihren Weg um die Welt gemacht. Ein süßes Erbe der Niederländer, das uns immer wieder verführt.

“Mickey Mouse und seine Ohren”

Die Ohren von Mickey Mouse sind immer nach vorne gerichtet, egal in welche Richtung sein Kopf zeigt. Diese ikonische Eigenschaft macht Mickey sofort erkennbar.

“Das Sandwich vom Earl”

Das Sandwich wurde vom Earl of Sandwich erfunden und nach ihm benannt. Diese praktische Mahlzeit ist ein Dauerbrenner in jeder Küche. Ein köstlicher Klassiker, der durch einen hungrigen Earl berühmt wurde.

“Donald Ducks volle Namen”

Der zweite Vorname von Donald Duck ist Fauntleroy. Seine Schwester heißt Dumbella. Diese charmanten Namen zeigen die verspielte Kreativität der Disney-Schöpfer. Ein kleines Stück Hintergrundwissen über unsere Lieblingsenten.

“Dorothys teure Pantoffeln”

Dorothys Rubin-Pantoffeln aus dem Film “Der Zauberer von Oz” wurden einmal für 165.000 Dollar versteigert. Diese glitzernden Schuhe sind ein begehrtes Sammlerstück.

“Eierpizza und mehr”

Der beliebteste Pizzabelag in Australien sind Eier. In Chile sind es Muscheln. In Amerika ist es Peperoni. Diese regionalen Vorlieben zeigen die Vielfalt der Pizzakultur.

“Tom Sawyer und die Schreibmaschine”

Die Abenteuer von Tom Sawyer war der erste Roman, der auf einer Schreibmaschine geschrieben wurde. Diese technische Errungenschaft hat das Schreiben revolutioniert. Ein Meilenstein in der Geschichte der Literatur.

“Die größte Ketchupflasche”

Die größte Ketchupflasche der Welt ist 51 Meter hoch. Diese gigantische Flasche ist ein echter Blickfang. Ein Monument für die Liebe zur Tomatensauce.

“Salzige Steine”

Salz ist das einzige Gestein, das Menschen essen können. Dieses allgegenwärtige Mineral ist unverzichtbar in unserer Küche. Ein einfaches, aber essenzielles Element unserer Ernährung.

“Pennys Wassertropfen”

Die Vorderseite eines Pennys kann dreißig Wassertropfen aufnehmen. Diese erstaunliche Oberflächenspannung zeigt, wie viel Wasser ein kleiner Penny halten kann. Ein kleines Experiment, das zum Staunen einlädt.

“Groschen mit Botschaft”

Die ersten Groschen, die in den Vereinigten Staaten geprägt wurden, trugen die Aufschrift “Kümmere dich um deine eigenen Angelegenheiten”. Diese klare Botschaft zeigt den damaligen Zeitgeist.

“Barbies voller Name”

Barbies vollständiger Name ist Barbara Millicent Roberts. Diese detaillierte Namensgebung verleiht der berühmten Puppe eine persönliche Note.

“Das Eis am Stiel”

Das Eis am Stiel wurde von einem elfjährigen Jungen erfunden. Diese erfrischende Idee hat den Sommer revolutioniert. Ein kindlicher Einfall, der Millionen von Menschen glücklich macht.

“Puck Man wird Pac-Man”

Pac-Man sollte ursprünglich Puck Man heißen. Dieser Namenswechsel war klug, um Vandalismus zu vermeiden. So entstand eine der bekanntesten Figuren der Videospielgeschichte.

“Yo-Yo als Jagdwaffe”

Das Yo-Yo wurde ursprünglich als Jagdwaffe verwendet. Kaum zu glauben, dass dieses beliebte Spielzeug einmal für die Jagd eingesetzt wurde.

“Der fleißige Bleistift”

Ein durchschnittlicher Bleistift kann etwa fünfzigtausend deutsche Wörter schreiben. Diese erstaunliche Zahl zeigt, wie langlebig ein Bleistift wirklich ist. Ein treuer Begleiter für alle, die gerne schreiben oder zeichnen.

“Reifendruck statt Strafzettel”

In Helsinki, Finnland, lässt die Polizei normalerweise die Luft aus den Reifen ab, statt Strafzettel zu verteilen. Diese kreative Strafe sorgt dafür, dass Falschparker sich zweimal überlegen, wo sie ihr Auto abstellen.

“Ramses II.: Familienoberhaupt”

Der ägyptische Pharao Ramses II. hatte 111 Söhne und 67 Töchter. Diese riesige Familie zeigt die Macht und den Einfluss des Pharaos.

“Orangen-Verbot in Kalifornien”

In Kalifornien ist es verboten, beim Baden Orangen zu essen. Dieses kuriose Gesetz zeigt, dass es für alles eine Regel gibt. Vielleicht um sicherzustellen, dass Badespaß nicht mit einer rutschigen Angelegenheit endet.

“Römische Gaumenfreuden”

Die alten Römer aßen gerne Flamingo-Zungen. Diese extravagante Delikatesse zeigt den Luxus und die Exzentrik der römischen Küche. Ein ungewöhnliches Gericht, das die römische Oberschicht genoss.

"Kentuckys Badepflicht"

Jeder Bürger von Kentucky ist gesetzlich verpflichtet, mindestens einmal im Jahr ein Bad zu nehmen. Diese ungewöhnliche Regel sorgt dafür, dass Hygiene nicht zu kurz kommt. Ein Gesetz, das für frische Bürger sorgt.

"Kirchenetikette in Omaha"

In Omaha, Nebraska, ist es gesetzlich verboten, in der Kirche zu rülpsen oder zu niesen. Diese strengen Benimmregeln zeigen den Respekt vor heiligen Stätten.

“Die ungewöhnliche Ehe in L.A.”

Eine Frau in Los Angeles hat einmal einen Stein geheiratet. Diese skurrile Geschichte zeigt, dass Liebe wirklich keine Grenzen kennt.

“Unvergänglicher Honig”

Honig ist das einzige Lebensmittel, das nicht verdirbt. Diese erstaunliche Eigenschaft macht Honig zu einem wahren Wunder der Natur. Ein süßer Schatz, der ewig hält.

“Katzenliebe im alten Ägypten”

Im alten Ägypten war das Töten einer Katze ein Verbrechen, das mit dem Tod bestraft wurde. Diese strengen Gesetze zeigen die Verehrung der Katzen. Ein Zeichen des Respekts und der Schutzwürdigkeit dieser Tiere.

“Teurer Käse”

Ein zweihundert Jahre altes Stück Käse wurde einmal für 1.513 Dollar verkauft. Diese seltene Delikatesse zeigt, dass auch alte Lebensmittel einen hohen Wert haben können. Ein echter Genuss für Käseliebhaber mit tiefen Taschen.

“Kuh-Starren in Kanada”

In einer kanadischen Stadt ist es verboten, Kühe anzustarren. Dieses skurrile Gesetz schützt die Tiere vor unangenehmen Blicken.

“Kurze Tage vor 500 Millionen Jahren”

Vor etwa fünfhundert Millionen Jahren dauerte ein Tag nur 20,6 statt 24 Stunden. Diese geologische Tatsache zeigt, wie sich die Erde im Laufe der Zeit verändert hat. Ein faszinierender Blick in die Vergangenheit unseres Planeten.

“Offene Türen im Weißen Haus”

Vor dem Zweiten Weltkrieg, als Wachen am Zaun postiert waren, konnte jeder bis zur Eingangstür des Weißen Hauses gehen. Diese offene Politik zeigt, wie sehr sich Sicherheitsmaßnahmen im Laufe der Zeit verändert haben.

“Garnelenherz im Kopf”

Das Herz einer Garnele sitzt in ihrem Kopf. Diese ungewöhnliche Anatomie zeigt, wie unterschiedlich die Natur Lebewesen gestaltet.

“Bombenfledermäuse im Zweiten Weltkrieg”

Während des Zweiten Weltkriegs trainierten die Amerikaner Fledermäuse, um Bomben abzuwerfen. Diese ungewöhnliche Kriegsstrategie zeigt, wie kreativ militärische Taktiken sein können. Ein Kapitel der Geschichte, das zeigt, dass der Einfallsreichtum keine Grenzen kennt.

“Geheime Monopoly-Botschaften”

Monopoly-Spiele wurden während des Zweiten Weltkriegs benutzt, um Gegenstände in feindliche Lager zu schmuggeln. Diese clevere Methode zeigt, wie ein einfaches Brettspiel zum Werkzeug des Widerstands werden kann.

“Franklins 8-Dollar-Idee”

Benjamin Franklin entwarf einst einen 8-Dollar-Schein. Dieser ungewöhnliche Vorschlag zeigt Franklins unermüdlichen Innovationsgeist. Obwohl der Schein nie in Umlauf kam, bleibt er ein faszinierendes Kapitel in der Geschichte des Geldes.

“Einheits-Schuhwerk”

Vor dem 19. Jahrhundert gab es keine getrennten Schuhe für den rechten und den linken Fuß. Diese einfache, aber unbequeme Praxis zeigt, wie weit die Schuhmode gekommen ist. Ein kleiner Schritt für die Mode, ein großer Sprung für den Komfort.

“Bartsteuer in Russland”

Russische Männer wurden früher für das Tragen eines Bartes besteuert. Diese ungewöhnliche Abgabe war ein Versuch, westliche Moden zu fördern. Ein haariger Tribut, der zeigt, dass Steuern selbst die Gesichtsbehaarung betreffen können.

“Der 38-Minuten-Krieg”

Der kürzeste Krieg der Geschichte fand 1896 zwischen England und Sansibar statt und dauerte achtunddreißig Minuten. Diese blitzschnelle Auseinandersetzung endete fast so schnell, wie sie begann.

“Erikson entdeckte Amerika zuerst”

Leif Erikson, nicht Christoph Kolumbus, war der erste Europäer, der einen Fuß in Nordamerika setzte. Diese weniger bekannte Tatsache wirft ein neues Licht auf die Geschichte der Entdeckungen.

“Alligator-Mechanik”

Alligatoren können sich nicht rückwärts bewegen. Diese Einschränkung macht sie in bestimmten Situationen weniger wendig.

“Kamel-Angeln in Idaho”

In Idaho ist es illegal, auf dem Rücken eines Kamels zu fischen. Diese skurrile Gesetzgebung zeigt, dass es für fast alles eine Regel gibt.

“Alte Hymne, altes Land”

Die japanische Nationalhymne hat den ältesten Text, der aus dem neunten Jahrhundert stammt. Diese historische Melodie verbindet die Gegenwart mit einer tiefen Vergangenheit. Ein musikalisches Erbe, das die Zeit überdauert hat.

“Schweineblickwinkel”

Für Schweine ist es physisch unmöglich, in den Himmel zu schauen. Diese anatomische Besonderheit zeigt, wie unterschiedlich Tiere gebaut sind.

“Die älteste Brücke”

Die älteste noch benutzte Brücke in den Vereinigten Staaten wurde 1697 gebaut. Diese langlebige Struktur zeigt die Ingenieurskunst der Vergangenheit. Ein steinernes Zeugnis der Geschichte, das noch immer seinen Dienst tut.

“Gorillas im Schlafmodus”

Gorillas schlafen oft bis zu vierzehn Stunden am Tag. Diese langen Ruhezeiten sind notwendig für ihre Energie und Gesundheit. Ein gemütliches Leben im Dschungel, das zum Träumen einlädt.

“Empire State Fensterblick”

Das Empire State Building hat 6.500 Fenster. Diese enorme Anzahl zeigt die Größe und das Ausmaß dieses ikonischen Gebäudes. Ein wahres Wunderwerk der Architektur, das die Skyline von New York prägt.

“DCs Höhenbeschränkung”

Kein Gebäude in Washington, DC, kann höher gebaut werden als das Washington Monument. Diese Regel bewahrt das historische Stadtbild und ehrt das nationale Denkmal. Eine städtische Tradition, die die Geschichte ehrt.

“Löwen der Tugend”

Die Namen der beiden steinernen Löwen vor der New York Public Library lauten Patience und Fortitude. Diese symbolischen Namen stehen für die Tugenden, die Leser in einer Bibliothek finden. Ein majestätischer Empfang für alle Wissensdurstigen.

“Zeitlos in Las Vegas”

In den Casinos von Las Vegas gibt es keine Uhren. Diese cleveren Designentscheidungen sorgen dafür, dass Spieler die Zeit vergessen. Ein ewiges Spielparadies, wo die Zeit stillzustehen scheint.

“Gorilla-Gesetze in Massachusetts”

In Massachusetts dürfen Gorillas nicht auf dem Rücksitz eines Autos sitzen. Diese ungewöhnliche Regel sorgt für Ordnung und Sicherheit. Ein weiteres Beispiel dafür, dass Gesetze manchmal sehr spezifisch sein können.

“Inselwunderland Japan”

Japan hat mehr als 6800 Inseln. Diese beeindruckende Zahl zeigt die Vielfalt und Schönheit des japanischen Archipels. Jede Insel hat ihren eigenen Charme und trägt zur reichen Kultur und Geschichte des Landes bei.

“Römische Weihnachtsgeschenke”

Die Römer waren die ersten Menschen, die an Weihnachten Geschenke austauschten. Diese Tradition hat ihren Ursprung im alten Rom und verbreitete sich weltweit. Ein festlicher Brauch, der seit Jahrhunderten Freude bereitet.

“Boxoffice-Hit: Boxen”

Boxen ist die beliebteste Sportart, über die man einen Film drehen kann. Diese dynamischen und dramatischen Geschichten faszinieren das Publikum. Kein Wunder, dass Boxfilme immer wieder Kassenschlager sind.

“Karate-Kick aus Indien”

Karate hat seinen Ursprung in Indien. Diese alte Kampfkunst reiste über die Jahrhunderte nach Japan und entwickelte sich dort weiter. Eine beeindruckende Geschichte der Weitergabe von Wissen und Fähigkeiten.

"Gewitterchaos"

In der Erdatmosphäre sind zu jeder Zeit achthundert Gewitter im Gange. Diese ständige elektrische Aktivität zeigt die unaufhörliche Energie unseres Planeten. Ein Donner und Blitz, der niemals aufhört.

"Galaktischer Tanz"

Alle Sterne der Milchstraße drehen sich alle zweihundert Millionen Jahre um das Zentrum der Galaxie. Diese gigantische Reise zeigt die unermessliche Weite des Universums. Ein kosmischer Tanz, der uns alle mit einbezieht.

"Smaragdglanz"

Ein großer, lupenreiner Smaragd ist mehr wert als ein ähnlich großer, lupenreiner Diamant. Diese seltenen Edelsteine strahlen in einem atemberaubenden Grün. Ein Juwel, das seine Konkurrenz überstrahlt.

"Riesen-Gras Bambus"

Bambus ist das höchste Gras der Welt. Diese erstaunliche Pflanze kann bis zu vierzig Meter hoch wachsen. Ein gigantisches Gras, das Wälder bildet und Pandas ernährt.

“Flüssiges Metall”

Quecksilber ist das einzige Metall, das bei Raumtemperatur flüssig ist. Dieses faszinierende Element hat einzigartige Eigenschaften. Ein metallisches Rätsel, das Wissenschaftler seit Jahrhunderten fasziniert.

“Westlicher Wurf”

Aufgrund der Erdrotation kann ein Gegenstand weiter geworfen werden, wenn er nach Westen geworfen wird. Diese kleine physikalische Tatsache zeigt, wie unsere Welt in Bewegung ist. Ein Vorteil für jeden Werfer, der die Physik versteht.

“Straußeneilauf”

Es dauert zweiundvierzig Tage, bis ein Straußenei geschlüpft ist. Diese lange Brutzeit zeigt die Geduld der Straußeneltern. Ein großes Ei, das viel Zeit und Wärme benötigt.

“Geduldiges Küken”

Es kann mehr als zwei Tage dauern, bis ein Küken aus seiner Schale ausbricht. Diese anstrengende Aufgabe zeigt den Überlebenswillen der kleinen Vögel. Ein erster harter Kampf, bevor das Leben richtig beginnt.

“Elefanten-Schwangerschaft”

Der asiatische Elefant braucht über zwanzig Monate, um zu gebären. Diese extrem lange Tragzeit zeigt die Hingabe und Fürsorge der Elefantenmütter. Ein langer Weg zu einem neuen Leben.

“Hirniger Blutegel”

Der Blutegel hat zweiunddreißig Gehirne. Diese erstaunliche Anzahl macht ihn zu einem der seltsamsten Tiere der Welt. Ein kleines, aber komplexes Wesen mit beeindruckenden Fähigkeiten.

“Langer Wurm”

Eine Regenwurmart in Australien wird bis zu drei Meter lang. Diese gigantischen Würmer sind wahre Riesen unter den Bodentieren.

“Selbstfressender Bandwurm”

Manche Bandwürmer fressen sich selbst, wenn sie keine Nahrung finden können. Diese bizarre Überlebensstrategie zeigt die Anpassungsfähigkeit dieser Parasiten. Ein extremer Weg, um das eigene Überleben zu sichern.

"Galaxienzählung"

Wenn man versuchen würde, die Sterne in einer Galaxie zu zählen, und zwar einen pro Sekunde, dann bräuchte man etwa 3000 Jahre, um sie alle zu zählen. Diese unvorstellbare Zahl zeigt die schiere Größe des Universums.

"Stubenfliegen-Diät"

Nach dem Fressen würgt die Stubenfliege ihre Nahrung wieder aus und frisst sie erneut. Diese ungewöhnliche Essgewohnheit zeigt die Eigenheiten der Fliegenverdauung.

"Stachelschweine und ihre Salzliebe"

Stachelschweine lieben Salz. Diese ungewöhnliche Vorliebe führt sie oft auf abenteuerliche Nahrungssuche. Ein kleiner Salzfanatiker, der für seine Mineralien alles tut.

"Goldreiches Südafrika"

Südafrika produziert zwei Drittel des weltweiten Goldes. Diese immense Menge zeigt die Bedeutung des Landes im globalen Goldmarkt. Ein funkelnder Schatz, der aus der Tiefe kommt.

“Bananen-Mücken”

Stechmücken werden von Menschen angezogen, die gerade Bananen gegessen haben. Diese ungewöhnliche Tatsache zeigt, wie unsere Ernährung die Natur beeinflusst.

“Höhenflug der Wolken”

Die Wolken fliegen am Tag höher als in der Nacht. Diese beeindruckende Tatsache zeigt, wie sich die Atmosphäre im Laufe des Tages verändert.

“Bienen hören mit ihren Beinen”

Bienen haben keine Ohren. Stattdessen fühlen sie Vibrationen mit ihren Beinen. Diese erstaunliche Anpassung zeigt, dass man auch ohne Ohren gut zuhören kann. Ein leises Summen der Natur.

“Rechte Lunge, mehr Luft”

Die rechte Lunge saugt mehr Luft ein als die linke Lunge.

"Bienen mit fünf Augen"

Bienen haben fünf Augen: drei kleine Augen oben auf dem Kopf und zwei größere vorne. Diese beeindruckende Anzahl von Augen hilft ihnen, ihre Umgebung besser zu sehen.

"Starke Spinnenseide"

Spinnenseide ist stärker als Stahl. Diese winzigen Fäden halten unglaubliche Kräfte aus. Ein beeindruckendes Beispiel dafür, wie stark die Natur sein kann.

“Zahnkanäle im Überfluss”

Der menschliche Zahn hat ungefähr 40 km an Kanälen in sich. Diese winzigen Kanäle sind lebenswichtig für die Gesundheit unserer Zähne. Ein komplexes Netzwerk, das in jedem Zahn verborgen ist.

“Zungenwunder”

Die Zunge ist der einzige Muskel im menschlichen Körper, der nur an einem Ende befestigt ist. Diese einzigartige Anatomie macht sie so beweglich. Ein wahres Wunderwerk der Natur.

“Flotte Frösche”

Frösche bewegen sich schneller als Kröten. Diese schnellen Hüpfer sind wahre Sprungwunder. Ein Rennen zwischen Frosch und Kröte endet oft zugunsten des Frosches.

“Kniescheibenlos geboren”

Babys werden ohne Kniescheiben geboren. Diese kommen erst später im Leben. Ein faszinierender Aspekt der menschlichen Entwicklung, der zeigt, wie wir uns im Laufe der Zeit verändern.

“Lunula: Der Mond des Nagels”

Der weiße Bereich an der Basis eines Fingernagels wird Lunula genannt. Diese kleine Mondform ist ein Indikator für die Gesundheit unserer Nägel. Ein kleines Detail, das oft übersehen wird.

“Blype: Sonnenbrandhaut”

Die Haut, die sich nach einem Sonnenbrand ablöst, wird Blype genannt. Diese unerwünschte Begleiterscheinung des Sommers ist uns allen bekannt.

“Frösche trinken durch die Haut”

Frösche trinken und atmen durch ihre Haut. Diese erstaunliche Fähigkeit macht sie zu wahren Überlebenskünstlern. Ein weiteres Wunder der Amphibienwelt.

“Ägyptische Erfindung: Der Strohhalm”

Der Strohhalm wurde von den alten Ägyptern erfunden. Diese praktische Erfindung hat eine lange Geschichte. Ein einfacher, aber geniale Idee, die bis heute genutzt wird.

“Fledermäuse: Flugexperten”

Fledermäuse können nicht laufen, weil ihre Beinknochen zu dünn sind.

“Basilisken: Die Wasserläufer”

Basilisken können auf dem Wasser laufen. Diese unglaubliche Fähigkeit gibt ihnen den Spitznamen „Jesus-Echsen“.

“Weihnachtsbraten in Japan”

Die Menschen in Japan essen an Heiligabend Brathähnchen und Erdbeerkuchen. Diese ungewöhnliche Kombination zeigt die kulturelle Vielfalt der Weihnachtsbräuche.

“Gorilla gorilla gorilla”

Der wissenschaftliche Name für einen Gorilla ist Gorilla gorilla gorilla. Diese dreifache Benennung zeigt die Einzigartigkeit dieser Tiere. Ein Name, der im Gedächtnis bleibt.

“Griechische Schriften”

Im antiken Griechenland gab es in der Schrift keine Leerzeichen zwischen den Wörtern. Diese alte Schreibweise machte das Lesen zu einer echten Herausforderung.

“Südafrikas Sprachvielfalt”

Südafrika hat elf offizielle Sprachen. Diese beeindruckende Vielfalt zeigt den kulturellen Reichtum des Landes. Ein wahres Sprachparadies.

“Singapurs einzigartiger Bahnhof”

Singapur ist das einzige Land mit nur einem Bahnhof. Diese ungewöhnliche Tatsache zeigt die kompakte Größe des Stadtstaates. Ein einzigartiges Verkehrsmerkmal.

“Kurzsichtige Elche”

Elche haben eine sehr schlechte Sehkraft. Manchmal verwechseln sie Autos mit anderen Elchen. Ein lustiges, aber auch gefährliches Missverständnis in der Tierwelt.

“Weiße Butter”

Butter ist von Natur aus weiß. Ihre gelbe Farbe ist künstlich. Diese überraschende Tatsache zeigt, wie kleine Veränderungen große Unterschiede machen können. Ein kulinarisches Geheimnis, das gelüftet wird.

“Fledermäuse auf Insektenjagd”

Fledermäuse fressen bis zu sechshundert Wanzen pro Stunde. Diese nächtlichen Räuber sind echte Insektenvernichter. Ein beeindruckender Appetit, der uns zeigt, wie wichtig Fledermäuse für das ökologische Gleichgewicht sind.

"Der gigantische Komodowaran"

Die längste Eidechse der Welt ist der Komodowaran, mit einer Länge von drei Metern. Diese riesigen Reptilien sind wahre Könige unter den Eidechsen. Ein faszinierendes Raubtier, das auf den Komodo-Inseln beheimatet ist.

"Reptilienfreie Antarktis"

Der einzige Kontinent ohne Reptilien oder Schlangen ist die Antarktis. Ein sicherer Zufluchtsort für alle, die keine Reptilien mögen.

“Schlaue Schweinchen”

Schweine können die gleichen Tricks wie Hunde in kürzerer Zeit erlernen. Diese intelligenten Tiere sind wahre Trickkünstler. Ein weiteres Beispiel dafür, wie clever und lernfähig Schweine sein können.

“Erster Dino: Staurikosaurus”

Der erste Dinosaurier tauchte vor etwa 225 oder 230 Millionen Jahren auf. Er wurde Staurikosaurus genannt und überlebte etwa fünf Millionen Jahre lang. Ein Pionier der Dinosauriergeschichte, der die Welt veränderte.

“Maße des Oval Office”

Das Oval Office ist 10,6 Meter lang. Dieser ikonische Raum im Weißen Haus ist Schauplatz vieler historischer Entscheidungen. Ein Ort, an dem Geschichte geschrieben wird.

“Scrabble in jedem dritten Haushalt”

In einem von drei amerikanischen Haushalten steht ein Scrabble-Spiel. Dieses beliebte Wortspiel ist ein echter Klassiker. Ein Zeichen dafür, wie sehr die Menschen das Spielen und Tüfteln lieben.

“Heuschrecken-Snack”

Heuschrecken sind in einigen Teilen der Welt der beliebteste Insektensnack. Diese proteinreichen Insekten sind ein wichtiger Bestandteil der Ernährung. Ein knuspriger Genuss, der in vielen Kulturen geschätzt wird.

“Französische Schneckenliebhaber”

Der durchschnittliche französische Bürger isst 500 Schnecken pro Jahr. Diese Delikatesse ist ein fester Bestandteil der französischen Küche. Ein kulinarisches Highlight, das Mut und Gaumenfreude erfordert.

“Frankreich und der Käse”

Frankreich ist das Land mit dem höchsten Käsekonsum aller Länder: durchschnittlich 19,7 kg pro Person pro Jahr. Diese Liebe zum Käse zeigt sich in der Vielfalt und Qualität der französischen Käse. Ein Paradies für Käseliebhaber.

“Januar und Hühnernudelsuppe”

Die meisten Dosen Hühnernudelsuppe werden im Januar verkauft. Diese wärmende Mahlzeit ist besonders in den kalten Wintermonaten beliebt.

"Kürbiswurzeln"

Manche Kürbisse können 24 km lange Wurzeln ausbilden. Diese beeindruckende Wurzelstruktur zeigt die Stärke und Ausdauer der Kürbispflanzen.

"Geschmacksillusion"

Zwiebeln, Äpfel und Kartoffeln haben alle den gleichen Geschmack. Ihr Geruch ist das, was sie auszeichnet. Eine überraschende Tatsache, die unsere Geschmackssinne herausfordert.

"Tomaten-Erdbeer-Hybrid"

Es wurden bereits erfolgreich Tomaten mit einer Erdbeere im Inneren gezüchtet. Diese ungewöhnliche Kreuzung zeigt, wie kreativ die Wissenschaft sein kann. Ein Fruchtmix, der neugierig macht.

"Urin als Waschmittel"

Urin wurde früher als Waschmittel verwendet. Ein altes Hausmittel, das heute zum Glück nicht mehr nötig ist.

“Rasend schneller Bambus”

Bambus kann an einem Tag drei bis vier Meter wachsen. Diese extrem schnelle Wachstumsrate macht Bambus zu einer faszinierenden Pflanze. Ein grünes Wunder, das in Windeseile emporwächst.

“Schmelzender Schmutz”

Schmutziger Schnee schmilzt schneller als weißer Schnee, weil er weniger Licht reflektiert. Diese kleine Tatsache zeigt, wie Umwelteinflüsse die Natur beeinflussen. Ein weiterer Grund, unsere Umwelt sauber zu halten.

“Blitzrekord”

Der längste jemals aufgezeichnete Blitz war 189 km lang. Diese beeindruckende Länge zeigt die gewaltige Energie von Gewittern. Ein Naturphänomen, das uns staunen lässt.

“Fahrradland China”

In China gibt es sechshundert Fahrräder pro Auto. Diese beeindruckende Zahl zeigt die Bedeutung des Fahrrads im täglichen Leben.

"Niederlande: Fahrradparadies"

In den Niederlanden gibt es die meisten Fahrräder der Welt. Dieses fahrradfreundliche Land zeigt, wie praktisch und umweltfreundlich Zweiräder sein können. Ein Paradies für alle, die gerne in die Pedale treten.

"Rolltreppengigant"

Die längste Rolltreppe der Welt befindet sich in Moskau und ist 126 Meter hoch. Diese beeindruckende Konstruktion erleichtert den Weg nach oben. Ein echter Höhenflug für alle, die den schnellen Aufstieg lieben.

"Daumenlutscher vor der Geburt"

Manche Babys lutschen schon vor ihrer Geburt am Daumen. Diese niedliche Angewohnheit beginnt bereits im Mutterleib. Ein früher Start für kleine Gewohnheiten.

"Stirnfaltenrechner"

Eine Stirnfalte ist das Ergebnis von zweihunderttausend Stirnrunzeln. Diese kleinen Gesichtsbewegungen summieren sich im Laufe der Zeit. Ein Zeichen dafür, wie oft wir unsere Sorgen und Gedanken zeigen.

“Geschmacksexperten”

Der durchschnittliche Mensch hat etwa zehntausend Geschmacksknospen. Diese winzigen Sensoren machen jedes Essen zu einem Erlebnis. Ein Fest für den Gaumen, das täglich stattfindet.

“Kaumuster der Rechtshänder”

Rechtshänder kauen ihr Essen eher auf der rechten Seite des Mundes und umgekehrt.

"Aktives Schlafen"

Das Gehirn ist beim Schlafen aktiver als beim Fernsehen. Diese überraschende Tatsache zeigt, wie wichtig der Schlaf für unser Gehirn ist. Ein echtes Workout für unsere grauen Zellen, während wir träumen.

"Sieben Ziffern im Gedächtnis"

Ein Grund, warum Telefonnummern nur sieben Ziffern haben (ohne Vorwahl), ist, dass sich die meisten Menschen nur fünf bis neun Ziffern in ihrem Kurzzeitgedächtnis merken können. Diese praktische Begrenzung macht es uns leichter, Nummern zu behalten.

"Zitternde Augen"

Das menschliche Auge ist ständig in Bewegung. Es zittert dreißig bis fünfzig Mal pro Sekunde. Diese kleinen Bewegungen helfen uns, die Welt klar zu sehen. Ein faszinierendes Detail unserer Sehkraft.

"Herzschlag-Höchstleistung"

Der maximal mögliche Herzschlag eines Menschen liegt bei 220 Schlägen pro Minute. Diese Höchstleistung zeigt, wie stark unser Herz sein kann. Ein beeindruckendes Tempo, das unser Lebensmotor erreichen kann.

“Faustgroßes Herz”

Das menschliche Herz ist etwa so groß wie eine Faust. Diese kompakte Größe zeigt, wie effizient unser Herz arbeitet. Ein kleines Organ mit großer Wirkung.

“Mehr Blut bei Männern”

Männer haben mehr Blut als Frauen. Diese Tatsache zeigt, wie sich unsere Körper in kleinen, aber wichtigen Details unterscheiden.

“Kurioses Zahlungsmittel”

Spechtschuppen, Tümmlerzähne und Giraffenschwänze wurden schon als Geld verwendet. Diese ungewöhnlichen Währungen zeigen die Kreativität und Vielfalt in der Geschichte des Handels.

“Nasenbohrer am Steuer”

Einer von drei Männern bohrt beim Autofahren in der Nase. Diese kuriose Angewohnheit ist häufiger, als man denkt. Ein kleiner Blick in die privaten Momente hinter dem Lenkrad.

“Laufleistung im Leben”

Der durchschnittliche Mensch läuft in seinem Leben so weit, dass er viereinhalb Mal die Erde umrunden kann. Diese beeindruckende Strecke zeigt, wie viel wir uns im Alltag bewegen. Ein Marathon des Lebens.

“Vergangene Lebensformen”

Neunundneunzig Prozent der Lebensformen, die jemals auf der Erde existiert haben, sind ausgestorben. Diese ernüchternde Zahl zeigt, wie vergänglich das Leben ist. Ein Gedanke, der uns die Kostbarkeit der Gegenwart vor Augen führt.

“Atmende Schildkrötenhintern”

Schildkröten können durch ihren Hintern atmen. Diese erstaunliche Fähigkeit zeigt die Vielseitigkeit der Natur. Ein kurioser Atemtrick, der uns staunen lässt.

“Hühnerdoppel”

Es gibt doppelt so viele Hühner auf der Welt wie Menschen. Diese enorme Anzahl zeigt, wie wichtig Hühner in der Landwirtschaft sind.

“Kuhnasen-Superkraft”

Kühe können Gerüche aus 9,6 Kilometern Entfernung riechen. Diese beeindruckende Fähigkeit macht sie zu wahren Supernasen.

“Königliche Tierhaltung”

König Heinrich III. von England hielt im Tower von London Löwen als Haustiere. Außerdem erhielt er einmal einen Eisbären vom König von Norwegen und einen Elefanten vom König von Frankreich geschenkt.

"Brückenwunderland Venedig"

Venedig hat vierhundert Brücken. Diese beeindruckende Anzahl verbindet die vielen Inseln der Stadt und macht sie einzigartig. Ein wahres Labyrinth aus Wasserwegen und historischen Übergängen.

"Der junge Atlantik"

Der Atlantische Ozean ist der jüngste der Weltmeere. Diese faszinierende Tatsache zeigt, dass auch Ozeane eine Geschichte haben. Ein relativ neues Kapitel in der geologischen Geschichte unseres Planeten.

“Kambodschas Riesenalphabet”

Das größte Alphabet der Welt ist das kambodschanische mit vierundsiebzig Buchstaben. Diese Vielzahl an Zeichen zeigt die Komplexität und Schönheit der Khmer-Sprache.

“Ein Krieg, der nicht aufhört”

Der Hundertjährige Krieg dauerte tatsächlich 116 Jahre. Diese lange Auseinandersetzung zwischen England und Frankreich zeigt, dass historische Ereignisse oft komplexer sind, als ihre Namen vermuten lassen.

“Dolly, das geklonte Wunder”

Das erste geklonte Säugetier war Dolly, das Schaf, im Jahr 1996. Diese bahnbrechende wissenschaftliche Leistung öffnete neue Türen in der Genforschung. Ein Meilenstein, der die Welt der Biologie revolutionierte.

“Riesiger Asteroid”

Der erste entdeckte Asteroid ist auch der größte bisher entdeckte Asteroid mit einer Länge von 965 km. Diese gigantische Weltraumkugel beeindruckt durch ihre Größe und Geschichte. Ein massiver Brocken im kosmischen Spiel.

“Rasende Kometen”

Kometen beschleunigen sich, wenn sie sich der Sonne nähern, und verlangsamen sich, wenn sie sich von ihr entfernen. Diese himmlischen Körper zeigen ein faszinierendes Verhalten im All.

“Leuchtende Venus”

Die Venus ist heller als jeder andere Planet und kann manchmal auch tagsüber gesehen werden. Diese strahlende Erscheinung macht sie zu einem Juwel am Himmel. Ein funkelnder Schatz im Sonnensystem.

“Ohrenschützer-Hauptstadt”

Maine war einst als die Hauptstadt der Ohrenschützer bekannt, da die Ohrenschützer dort erfunden wurden. Diese praktische Erfindung brachte Wärme und Komfort in die kalten Winter. Ein kuscheliger Beitrag zur Geschichte der Mode.

“Schmerzfreie Krustentiere”

Hummer und Grashüpfer können keinen Schmerz empfinden. Diese überraschende Tatsache zeigt, wie unterschiedlich Lebewesen auf Reize reagieren.

“Bewusste Delfinatmung”

Delfine atmen nicht automatisch wie Menschen. Sie müssen bewusst Luft holen, was sie zu wahren Meistern der Atmung macht. Ein faszinierender Unterschied, der ihr Leben im Wasser prägt.

“Urzeitliche Haifische”

Es wurden Haifischfossilien gefunden, die mehr als doppelt so alt sind wie Dinosaurierfossilien. Diese urzeitlichen Räuber sind wahre Veteranen der Meere. Ein Blick in die tiefe Vergangenheit unserer Ozeane.

“Fastende Seelöwen”

Männliche Seelöwen fressen manchmal drei Monate lang nicht.

“Nilpferdbabys unter Wasser”

Das Nilpferd gebärt unter Wasser, kann aber nicht schwimmen. Diese einzigartige Anpassung zeigt die Vielfalt der Natur. Ein faszinierendes Beispiel für die ungewöhnlichen Wege des Lebens.

“Supernasen Schäferhunde”

Schäferhunde können vierundvierzig Mal besser riechen als Menschen. Diese erstaunliche Fähigkeit macht sie zu unschlagbaren Spürhunden.

“Schlafmangel bei Elefanten”

Elefanten bekommen nur etwa zwei Stunden Schlaf pro Tag. Diese minimale Ruhezeit zeigt ihre ständige Wachsamkeit. Ein Beispiel für die Ausdauer und Stärke dieser majestätischen Tiere.

“Nashornhorn aus”

Das Horn eines Nashorns besteht aus verdichtetem Kreatin. Diese ungewöhnliche Zusammensetzung zeigt die Kreativität der Natur. Ein faszinierendes Detail über eines der beeindruckendsten Tiere der Erde.

“Die winzige Hummelfledermaus”

Das kleinste Säugetier der Welt ist die thailändische Hummelfledermaus, die weniger als einen Pfennig wiegt. Diese winzigen Flugakrobaten sind kaum größer als ein Daumennagel.

“Dreifacher Augenschutz der Kamele”

Kamele haben drei Augenlider, um ihre Augen vor aufgewirbeltem Sand zu schützen. Diese geniale Anpassung macht sie zu wahren Wüstenspezialisten. Ein beeindruckender Schutzmechanismus für die Überlebenskünstler der Wüste.

“Oreo: Der Keks-König”

Der Oreo ist der meistverkaufte Keks der Welt. Diese ikonische Leckerei hat sich weltweit in die Herzen von Keksfans genascht. Ein süßer Erfolg, der seinesgleichen sucht.

“Giraffengang”

Eine Giraffe bewegt beim Laufen beide Beine auf einer Seite ihres Körpers zusammen. Dieser ungewöhnliche Gangstil, bekannt als Passgang, gibt ihr einen eleganten und rhythmischen Lauf. Ein einzigartiger Anblick, der Giraffen zu den Grazien der Savanne macht.

"Gigantischer Riesenkalmar"

Der Riesenkalmar ist das größte Lebewesen ohne Rückgrat. Er kann bis zu 16,7 Meter lang werden. Jedes Auge hat einen Durchmesser von einem Meter oder mehr. Diese Meeresriesen sind wahre Giganten der Tiefe. Ein faszinierender Koloss aus den dunklen Ozeanen.

Nachwort

Lieber Leser, liebe Leserin,

du hast es bis zum Ende unseres bunten Sammelsuriums an unnützem Wissen geschafft. Hoffentlich hat dich diese Reise durch die kuriosesten Ecken der Wissenswelt zum Schmunzeln, Staunen und Lachen gebracht.

Wer hätte gedacht, dass du jemals erfahren würdest, dass Kamele drei Augenlider haben oder dass der Oreo-Keks der meistverkaufte der Welt ist? Und doch bist du hier, bereichert mit Wissen, das du vermutlich nie brauchen wirst – außer vielleicht, um beim nächsten Kaffeeklatsch oder Stammtisch die Runde zum Staunen zu bringen.

Die Idee hinter diesem Buch war es, deinen Ruhestand mit ein wenig mehr Freude und Leichtigkeit zu füllen. Schließlich haben wir uns alle eine Pause von den ernsten Dingen des Lebens verdient. Es ging uns nicht darum, deinen Wissensdurst zu stillen, sondern eher, deinen Humor zu wecken und dir einige lustige und interessante Momente zu schenken.

Ich hoffe, dass dieses Buch dir ein Lächeln ins Gesicht gezaubert hat und du es immer wieder zur Hand nimmst, wenn du etwas zum Aufmuntern brauchst.

Vielen Dank, dass du uns auf dieser Reise begleitet hast. Bleib neugierig, bleib humorvoll und genieße deine goldenen Jahre in vollen Zügen!

Mit den besten Wünschen,

Dominik Piel

Impressum

Deutschsprachige Erstausgabe Juni 2024

Ali Sayad
Horner Weg 39
20535 Hamburg
hello.dayasila@gmail.com

ISBN: "978-3-949991-29-5"

Printed in Poland
by Amazon Fulfillment
Poland Sp. z o.o., Wrocław

36744987R00132